末弘嚴太郎

新装版

SUEHIRO, Izutaro

嘘の効用

日本評論社

目次

一　嘘の効用

法律以外の世界において一般に不合理なりとみなされている事柄がひとたび法律世界の価値判断にあうや否やたちまちに合理化されるという事実はわれわれ法律学者のしばしば認識するところである。そうして私はそこに法律の特色があり、また国家の特色があると考えるがゆえに、それらの現象の蒐集および考察が、法律および国家の研究者たる私にとって、きわめて有益であり、また必要であることを考える。その意味において、私は数年このかた「法律における擬制」(legal fiction, Rechtsfiktion) の研究に特別の興味を感じている。そうして本文は、実にその研究の中途においてたまたま生まれた一つの小副産物にすぎない。これはもと慶応義塾大学において講演した際の原稿に多少の筆を加えて出来上ったものであって、雑誌『改造』の大正一一年七月号に登載されたものである。

一

われわれは子供のときから、嘘をいってはならぬものだということを、十分に教えこまれています。おそらく、世の中の人々は——一人の例外もなくすべて——嘘はいってはならぬものと信じているでしょう。理由はともかくとして、なんとなく皆そう考えているに違いありません。「嘘」という言葉をきくと、われわれの頭にはすぐに、「狼がきたきた」と、しばしば嘘をついたため、だんだんと村人の信用を失って、ついには本当に狼に食われてしまった羊飼の話が自然と浮かび出ます。それほど、われわれの頭には嘘をいってはならぬということが、深く深く教えこまれています。

ところが、それほど深く刻みこまれ、教えこまれているにもかかわらず、われわれの世の中には嘘がたくさん行われています。やむをえずいう嘘、やむをえるにかかわらずいう嘘、ひそかにいわれ陰に行われている嘘、おおっぴらに行われている嘘、否時には法律によって保護された——したがってそれを否定すると刑罰を受けるようなおそろしい——嘘までが、堂々と天下に行われているほど、この世の中には、種々雑多な嘘が無数に行われています。

実をいうと、全く嘘をつかずにこの世の中に生き長らえることは、全然不可能なようにこの世の中ができているのです。

そこで、われわれお互いにこの世の中に生きてゆきたいと思う者は、これらの嘘をいかに処理すべきか、というきわめて重大なしかもすこぶる困難な問題を解決せねばなりません。なにしろ、嘘をついてはならず、さらばといって、嘘をつかずには生きてゆかれないのですから。

二

私は法律家です。ですから、専門たる「法律」以外の事柄については――座談でならばとにかく――公けに、さも先覚者ないし専門家らしい顔をして、意見を述べる気にはなれません。法律家は「法律」の範囲内にとどまるかぎりにおいてのみ「専門家」です。ひとたびその範囲を越えるとただちに「素人」になるのです。むろん「専門家」だからといって絶対に「素人考え」を述べてはならぬという法はないでしょう。けれども、その際述べられた「素人考え」は特に「専門」のない普通の「素人」の意見となんら択ぶところはない。否「専門」という色眼鏡を通して、物事を見がちであるだけ、その意見はとかく一方に偏しやすい。したがって普通の「素人」の意見よりかえって実質は悪いかもしれないくらいのものです。しかも世の中の人々は、ふしぎにも「専門家」の「素人考え」に向かって不当な敬意を表します。普通の「素人」の「素人考え」よりは大いにプレスティージュをもつわけです。例えば、世の中には無名の八公、熊公にして、演劇に関する立派な批評眼を具えているものがいくらもいます。ところが、何々侯爵とか、何々博士とかが少し演劇に関して「素人考え」を述べると、世の中はただちにやれ劇通だとか芝居通だとかいって変に敬意を表し、本人もいい気になって堂々と意見を公表などします。侯爵や博士のくせに芝居のことも人並みにわかる珍しい男だというくらいならばともかく、その男がさも「専門家」らしい顔をして「素人考え」を臆面もなく述べるのをきくとき、また、世の中の人々がこれに特別の敬意を表するのをみるとき、私は全く不愉快になります。かくのごときは実に一種の「不当利得」にほかならないと私は考えています。しかし世の中の「専門家」はとかくこの点を間違えやすい。世の中の人々も、普通にその同じ間違いを繰り返して「専門家」の「素人考え」を不当に尊敬します。私は全く変だと思います。

私は法律学者です。ですから「法律」および「学問」についてだけはともかくも「専門家」として意見を述べる資格があるのです。だから今ここに「嘘の効用」と題して嘘をいかに処理すべきかという問題を考えるにしても、議論はむろんこれを「法律」および「学問」の範囲内に限りたいと考えます。一般の道徳ないし教育などに関する問題として、いかにも

「玄人」らしく意見を述べることはどうも私のがらではありません。

「法律」の上で、また「学問」一般について、「嘘」は善かれ悪しかれいろいろの働きをしています。それを考えてみることは、ひとり「法律家」にとってのみならず、一般の人々にもかなり興味あることだと思います。ことに私は、私の「法律」および「学問」に対する態度を明らかにするがためには、この「嘘の効用」についての、私の考えを述べることがきわめて重要であり、少なくとも大いに便利だと考えているのです。それが、私のこの稿を起こすに至った主な動機です。

三

私はまず法律の歴史の上に現われたいろいろの「嘘」を二、三例示したいと思う。そうしてその「嘘」が実際上いかなる働きをしたかを考えてみたいと思います。

法律とか裁判とかいうことを考えると、われわれは、じきに大岡越前守を思い起こします。そうして彼こそは、裁判官の理想、名法官であると考えます。今日われわれの世の中に行われている裁判がとかく人情に適しないとか、人間味を欠いているとか、または裁判官が没常識だとか、化石しているとかいうような小言を耳にするたびに、われわれは大岡裁判を思い起こします。そうしてああいう人間味のある裁判がほしいと考えます。

しからば、大岡越前守がかくのごとくに賞讃され、否、少なくとも講談や口碑にまで伝えられるほど、その昔において人気があったのは、はたしてなぜでしょうか。私は、不幸にしてこの点に関する学問的に精確な歴史的事実を知りません。いわゆる大岡政談の中に書かれている事実のすべてが、真に大岡越前守の業績であるかどうかについて、毫も正確な知識をもっていません。しかし私にとって、それはどうでも差支えないのです。たとえ、あの話の全部が大岡越前守の真実行った仕事ではないとしても、あれがいわゆる大岡政談となって今日にまで伝わったということは、いかに当時の人々が、あの種の裁判を歓迎したかを明らかに証拠だてるものです。ですから、私が今これからいうところの大岡越前守は、実は大岡政談に現われた大岡越前守を指すのであって、それが歴史的真実と合致するや否やは毫も私の意としないところです。

大岡越前守の裁判は、なにゆえに人情の機微をうがった名裁判だといわれるのであろうか。一言にしていうと、それは「嘘」を上手につきえたためだ、と私は答えたいと思います。嘘は善いことだとか、悪いことだとかいう論はしばらく別として、大岡越前守が嘘つきの名人であったことは事実です。そうして上手に嘘をつきえてほめられた人です。大岡政談を読んでごらんなさい。当時の法律は、いかにも厳格な動きのとれないやかましいものであった。それをピシピシ厳格に適用すれば、万人を戦慄せしめるに足るだけの法律であった。しかも当時の裁判官はお上の命令であるところの法律をみだりに伸縮して取り扱うことはできぬ。法律は動くべからざるもの、動かすべからざるものであった。この法律のもとで、人情に合致した人間味のある裁判をやることはきわめて困難な事柄です。しかも大岡越前守はそれをあえてしたのです。しかも免職にもならず、世の中の人々にも賞められながら、それをやりえたのです。

しからばどうしてそれをやりえたか。その方法は「嘘」です。当時の「法律」は厳格で動かすことができなかった。法を動かして人情に適合することは不可能であった。そこで大岡越前守は「事実」を動かすことを考えたのです。ある「事実」があったということになれば「法律上」必ずこれを罰せねばならぬ。さらばといって罰すれば人情にはずれる。その際裁判官の採りうべき唯一の手段は「嘘」です。あった「事実」をなかったといい、なかった「事実」をあったというよりほかに方法はないのです。そうして大岡越前守は実にそれを上手にやりえた人です。

しかし、これと同じ手段によって裁判の上に人間味を現わしたのは、ひとり大岡越前守のみに限るのではなく、おそらく至るところの裁判官は——むろん時代により場所によって多少程度の差こそあれ——皆ひとしく同様の手段を採るもののように思われます。例えば、ローマのごときでも、奇形児を殺した母をして殺人の罪責を免れしめるがために、裁判官はしばしば monstrum の法理を応用したといわれています。

ローマでは、たとえ人間の腹から生まれたものでも、それは奇形児で十分人間の形を備えていない場合には、法律上称して monstrum（鬼子）といい、これに与えるに法律上の人格をもってしなかった。この考えは、ローマにおいてはきわめて古くから存在したようであるが、後のユスチニヤン法典中にも法家パウルスの意見として Digestorum Lib. I. Tit. V. de statu hominum L. 14 中に収められている。ところである母が子を生んでみると、それがみにくい鬼子であった。そういう子供を生かしておくのは家の恥辱でもあり、また、本人の不幸でもあると考えて、母はひそかにこれを殺してしまった。やかましく理屈をいえば、それでもやはり一種の殺人には違いない。しかしさらばといって、その母を殺人の罪に問うことは裁判官の人間としてとうてい堪えがたいところである。社会的に考えてもきわめておろかなことです。そこで裁判官は、なんとかして救ってやりたい、その救う手段として考えついたものが、この monstrum の法理です。母は子を殺した、しかし殺したのは人にあらずして monstrum であった、したがって罪にはならぬ。と、こういう理屈をもって憐むべき母を救ったのだということです。

今日の発達した医学の目からみれば、「人」の腹から「人にあらざるもの」が生まれるわけはどうしてもありえないのでしょう。しかし、さらばといって、ローマ人はばかだ、無知だと笑ってしまうのはやぼです。なるほど、それは不合理でしょう。しかしとにかく、これで人の命が救われたのです。そうして当時の人は多分その裁判官を賞讃したに違いありません。

またわれわれは、徳川時代の御目付役は「見て見ぬふりをする」をもって大切な心得としていたということを聞きます。合理的にやかましくいえば、いやしくも犯罪を発見した以上、御目付役としてはすべてこれを起訴せねばならぬわけです。ところが、それを一々起訴すればかえって世人は承知しない。その結果「見て見ぬふりをする」すなわち「嘘をつく」をもって御目付役の美徳（？）とされていたものです。ところがこの同じ事はひとり旧幕時代のみに限らず明治、大正の世の中にも行われている。刑事訴訟法が今年改正になりました。その以前には明らかな規定がなかったにかかわらず、学者の多数はいわゆる「便宜主義」（Opportunitätsprinzip）と称して、犯罪を起訴するや否やは検事の自由裁量に一任されているものだと主張し、司法官もまたその考えを実行していたのです。「便宜主義」と名をつければいかにもいかめしくなるが、実をいうと御目付役の「見て見ぬふりをする」のと同じことです。ところがこんどの新刑事訴訟法第二七九条ではついにこれを法文の上に現わして「犯人ノ性格、年齢及境遇並犯罪ノ情状及犯罪後ノ情況ニ因リ訴追ヲ必要トセザルトキハ公訴ヲ提起セザルコトヲ得」と規定するに至った。いわば「嘘」を公認した代りに「嘘つき」の規準を作り、その結果「嘘からまこと」ができたわけなのです。諸君は試みに司法統計のうち「嬰児殺」の部をあけてごらんなさい。今の検事がこの点についていかに多く「見て見ぬふり」をしているかを発見されるでしょう。

四

英米の法律には「名義上の損害賠償」(nominal damages)という制度があります。いったい損害賠償は、読んで字のごとく、実際生じた損害を賠償させることを目的とする制度ですから、たとえ権利侵害があっても、実際上なんらの損害もなければ、損害賠償の義務は発生しないわけです。そこで、例えばわが国においては、甲が乙の所有地内に無断で侵入した場合に、乙から損害賠償請求の訴えが起こされても、その無断侵入の結果、事実乙がなんらの損害もこうむっていなければ、不法行為の成立要件を欠くものとして乙は敗訴せざるをえない。むろんただ合理的に考えれば、乙にはなんらの損害もないのだから、これが賠償を求むべきなんらの権利なきは当然である。けれども甲が乙の権利を侵害したという事実だけは確実です。その点において甲は悪いに違いないのです。ですから権利侵害はあったがなんらの損害もないからという理由で敗訴し、その結果、名目上とにかく敗けたということになり、また同時に、敗訴者として訴訟費用を負担せしめられることは、乙にとってきわめて不愉快なことに違いありません。乙は「賠償はとれずともいい。しかし敗けたくはない」と、こう考えるに違いないのです。この際もしも名目上だけでも乙を勝訴者たらしめることができたら、彼はどれだけ喜ぶでしょう。

英米法の「名義上の損害賠償」は実にこの場合における乙を救う制度です。いやしくも権利侵害があった以上、そこに必ずやなんらかの損害がなければならぬ。その損害の象徴として裁判所は被害者に例えば金一銭を与えるとする。そうすれば被害者はたとえ金額は一銭でもとにかく勝訴したことになり、名目上はもちろん実利的にも訴訟費用の負担を免れるという利益がある。実際、損害の立証は立たぬ。しかし権利侵害があった以上必ず損害があったものとみなして、それを一銭という有形物の上に象徴するところがこの制度の妙味であって、「嘘」の効用のいちじるしい実例の一つです。

現在、わが国の法学者は一般に偏狭な合理主義にとらわれて「損害なければ賠償なし」という原則を絶対のものと考え、「名義上の損害賠償」のごときは英米独特の不合理な制度、とうていわが国に移すべからざるものと考えています。けれども、もしもわが国にこの制度が行われることになったならば、法律を知らぬ一般人の裁判所に対する信頼はどれだけ増大するであろうか、また不法行為法がどれだけ道徳的になるであろうか、私は切にそういう時期の至らんことを希望しているのです。しかし、それにはまず一般法学者の頭脳から偏狭な合理主義を駆逐して、もっと奥深い「合理によって合理の上に」出でる思想を植えつけねばなりません。

五

次に、欧米諸国の現行法はだいたいにおいて協議離婚を認めていません。離婚は法律で定めた一定の原因ある場合にのみ許さるべきもので、その原因が存在しない以上はたとえ夫婦相互の協議が成立しても離婚しえないことになっているのです。この点はわが国の法律と全く違ってきわめて窮屈なものです。しかし、いかな西洋でもお互いに別れ話の決まった夫婦が、そうおとなしくくっつきあってるわけがありません。いかにバイブルには「神の合わせ給える者は人これを離すべからず」と書いてあっても、お互いに別れたいものは別れたいに決まっています。そこで、夫婦の間に別れ話が決まると、お互いにしめしあわせて計画を立てた上、妻から夫に向かって離婚の訴えを起こします。裁判官が「なにゆえに？」ときく。妻は「夫は彼女を虐待せり、三度彼女を打てり」と答える。すると裁判官は被告たる夫に向かって「汝は原告妻のいうところを認むるや？」ときく。そこで、夫は「しかり」と答える。かくすることによって裁判官は欺かれて、離婚を言い渡す。もしくは事実の真相について疑念を抱きつつもなお離婚の判決をくだすのである。ですから、西洋でも実際においては当事者双方の協議によって離婚が行われている。そうしてその際使う道具は一種の「嘘」、一種の芝居です。

法律は人間のために存するものです。人間の思想、社会の経済的需要、その上に立ってこそ初めて法は真に行われるのです。かつては、社会の思想や経済状態と一致した法であっても、その後、社会事情が変わるとともに法は事実行われなくなる。また立法者が社会事情の真相を究めずしてむやみな法を作ったところが、それは事実とうてい行われない。離婚は悪いものだという思想が真実社会に現存しているかぎり、協議離婚禁止の法律もまた厳然として行われる。しかしひとたび、その思想が行われなくなると、法文上にはいかに厳重な規定があっても、実際の需要に迫られた世人は「嘘」の武器によってどんどんとその法律をくぐる。そうしてことはなはだしきに至れば法あれども法なきと同じ結果におちいるのです。

同じことは官吏の責任の硬化現象からも生じます。役人といえども飯を食わねばなりません。妻子も養わねばなりません。やたらに免職になっては妻子とともに路頭に迷わなければなりません。ある下級官吏がたまたまある場所を警戒する任にあたっていた。その際一人の無法な男がおどり出て爆弾を懐中し爆発ついに自殺したと仮定する。なるほど、その男の場所がらをもわきまえない無法な所作は、非難すべきものだとしても、たまたま、その場所で警戒を命ぜられていた役人をして絶対的の責任を負わせる理由はないわけです。その役人が責任を負うや否やはその役人が具体的なその場合において、警備上実際に懈怠があったかどうかによって定まるので、偶然その場所にいあわせたというだけの事実をもって絶対的に定まるものではない。ところが現在わが国に行われつつある官吏責任問題の実際はこの点がきわめて形式的に取り扱われてはいないであろうか。停車場が雑踏した場合に、駅長がいかに気をつけても、中には突き飛ばされて線路に落ちる人もあろう。その際駅長が最善の注意を怠らなかったとすれば、彼にはなんらの責任もないわけです。責任はたまたまその突き飛ばした人ないしは雑踏の原因を作った人々にあるわけです。しかるに今の実際では、その際駅長なり駅員なりの中から、必ずいわゆる「責任者」を出さなければすまさないのではないでしょうか。

責任は、自由の基礎の上に初めて存在する。規則によって人の自由を奪うとき、もはやその人の責任を問うことはできないのです。しかるに、万事を規則ずくめに取り扱う役所なり大会社なりは、使用人の責任までをも規則によって形式的に定めようとします。その結果、責任は硬化し形式化して全く道徳的根拠を失います。

ところが、役人も生きねばならぬ。妻子を養わねばならぬ。その役人が自由を与えられることなしに、責任のみ形式的にこれを負担せしめられるとき、彼らははたして黙してその責任に服するであろうか。否、この際、彼は必ずや形式的責任の発生原因たる「事実」をいつわり、「事実」を隠蔽して、責任問題の根源を断とうとするに決まっています。すなわち、彼は「嘘」をつくのです。

右の例を引いた私は、決して最近わが国に起こったなんらか具体的の事件について具体的の判断をくだしたわけではありません。しかし、現在われわれがしばしば「官吏の嘘つき」という事実を耳にするのは本当です。もし、それが事実とすれば、その根源のいずれにありやを考えることは重大問題ではないでしょうか。私はその原因を「責任の硬化」にあるのだと考えます。

親が全く子の要求をきかずに、親の考えのとおり厳重に育てあげようとすれば、子は必ず「嘘つき」になります。

六

以上に述べた二、三の例をみただけでも、「嘘」が法律上いかに大きな働きをしているかがわかるでしょう。

まず第一に、大岡裁判の例やローマの monstrum の話を聞いた方々は、法制があまりに厳重に過ぎる場合に「嘘」がいかに人を救う効能のあるものであるかを十分理解されたことと思う。そうして、いかな正直者の諸君も、なるほど「嘘」もなかなかばかにならぬと感心されたに違いありません。ことに、一国内の保守的分子が優勢なために、法令が移りゆく社会人心の傾向に十分に追随することができず、その結果「社会」と「法令」との間に溝渠ができた場合に「法令」をしてともかくも「社会」と調和せしめるものはただ一つ「嘘」あるのみです。世の中ではよく裁判官が化石したとか、没常識だとか申します。しかし、いかに化石し、いかに没常識であっても、ともかく「人間」です。美しきを見て美しと思い、甘きを食って甘しと思う人間です。ですから、まのあたり被告人を見たり、そのいうところを聴いたり、いろいろと裏面の事情などを知ったりすれば、「法」はどうあろうとも、ともかく「人間」として、ああ処分せねばならぬ、こう裁判せねばならぬと考えるのは、裁判官の所為としてまさに当然のことだといわねばなりません。その際、もしも「法」が伸縮自在のものであればともかく、もしも、それが厳重な硬直なものであるとすると、裁判官は必ず「嘘」に助けを求めます。あった事をなかったといい、なかった事をあったといって、法の適用を避けます。そうして「人間」の要求を満足させます。それは是非善悪の問題ではありません。事実なのです。裁判が「人間」によってなされている以上、永久に存在すべき事実なのです。

また、役人の嘘つきの例をきかれた方々、西洋の離婚の話を読まれた方々は、「法」は現在多数の人々ことに司法当局の人々が考えているように、万能のものではないということを十分に気づかれたことと思う。「法」をもってすれば何事をも命じうる、風俗、道徳までをも改革しうるという考えは、為政者のとかく抱きやすい思想です。しかし「人間」は彼らの考えるほど、我慢強く、かつ従順なものではありません。「人間」のできることにはだいたい限りがあります。「法」が合理的な根拠なしにその限度を越えた要求をしても、人は決してやすやすとそれに服従するものではありません。もしもその人が、意思の強固な正直者であれば「死」を賭しても「法」と戦います。またもし、その人が利口者であれば――これが多数の例だが――必ず「嘘」に救いを求めます。そうして「法」の適用を避けます。ですから、「法」がむやみと厳重であればあるほど、国民は嘘つきになります。卑屈になります。「暴政は人を皮肉にするものです」。しかし暴政を行いつつある人は、決して国民の「皮肉」や「嘘つき」や「卑屈」を笑うことはできません。なぜならば、それは彼らみずからの招くところであって、国民もまた彼らと同様に生命の愛すべきことを知っているのですから。

とにかく「法」がひとたび社会の要求に適合しなくなると、必ずやそこに「嘘」が効用をる事実です。

発揮しはじめます。事の善悪は後にこれを論じます。しかしともかく、それは争うべからざる事実です。

七

人間はだいたいにおいて保守的なものです。そうして同時に規則を愛するものです。ばかばかしいほど例外をきらうものです。

例えば、ここに一つの「法」があるとする。ところが世の中がだんだんに変わって、その「法」にあてはまらない新事実が生まれたとする。その際とらるべき最も合理的な手段は、その新事実のために一つの例外を設けることであらねばならぬ。それはきわめて明らかな理屈である。しかし人間は多くの場合その合理的な途をとろうとしない。なんとかしてその新事実を古い「法」の中に押しこもうと努力する。それがため事実をまげること――すなわち「嘘」をつくこと――すらあえて辞さないのである。

ですから法律発達の歴史をみると、「嘘」は実に法律進化の仲介者たる役目を勤めているものであることがわかります。イギリス歴史学派の創始者 Henry James Sumner Maine はその名著『古代法』の中において、また、ドイツ社会学派の鼻祖 Jhering は不朽の大著『ローマ法の精神』の中において、この事実を指摘しています。そうして幾多の実例を古代法律の変遷現象中に求めています。しかしこの現象は決してひとり人智未開な古代にのみ限った事柄ではありません。文明が進歩してきわめて合理的に思惟し行動しうるようになったとうぬぼれている近世文明人の世の中にも、その事例は無数に存在するのです。

例えば「過失なければ責任なし」という原則は、ローマ法以来漸次に発達して、ことに第一八世紀末葉このかた全く確立するに至った原則です。現にわが民法にも欧米諸国の法律においてもこの原則が明らかに採用されています。けれども、最近物質文明の進歩、大工業の発達とともに、使う本人にとってはきわめて便利ではあるが、他人にとってはきわめて危険なやっかいな品物が、かなりたくさんに発明されました。また一般文化施設の必要上どうしても使わねばならぬ――否、少なくとも使えば便利ではあるが――その結果とかく他人に損害を与えやすいものがたくさん発明されました。自動車、汽車、大工場、貯水池、ガスタンクのたぐいがすなわちこれです。これらの品物はきわめて便利です。けれども、同時に危険なものです。ことにこれらの品物の利用によって損害を与えられた人々が、従来の「過失なければ責任なし」との原則に従って、みずから加害者の「過失」を立証するにあらずんば損害賠償を求めえないものだとすると、多数の場合に事実上、賠償請求の目的を達することができない。例えば、先日深川でガスタンクが爆発した。会社は不可抗力だと称し、被害者は会社の過失だという。もしも被害者が損害賠償を請求したければ会社の「過失」を立証せねばならぬというのが、従来の原則です。しかしタンクは爆発してすでに跡形もない今日、被害者ははたしてそんな立証ができるでしょうか。それは全く不可能であるか、または少なくともきわめて困難です。そうしてそれは自動車によってひき殺された人、貯水池の崩壊によって殺されたり財産を失ったりした人々にとってすべて全く同じことです。そこで近世の社会は従来の「過失責任主義」に対して、「無過失賠償責任」の原則を要求するに至ったのです。

立法者としては適宜にその新要求をいるべき新法令を制定すべき時がきたのです。「過失」のみが唯一の責任原因ではない。そのほかにも賠償責任の合理的原因とするに足るべき事例がある。それを基礎としてまさに新しい法律を制定すべき時がきたのです。学者も動きました。立法者も多少動きました。ドイツを初め諸国において制定された自動車責任法はその実例の一つです。けれども諸国の立法者が遅疑して進まず、またドイツの学者が紙上に無過失責任論を戦わせている間に、事実上一大躍進をとげたものはフランスの裁判所です。

フランスの裁判所は、本来主観的であるべき「過失」の観念を客観化せしめました。これこれの場合には当然過失あるものと客観的に決めてしまって、主観的な本来の意味の過失いかんを問わなくなりました。むろん口では「過失」といっています。しかし、そのいわゆる

「過失」は実は「違法」ということと大差なくなりました。かくしてドイツの学者が正面から堂々と無過失責任の理論を講究し論争している間に、フランスの裁判所は無言のうちにその同じ目的を達してしまいました。そうしてその際使われた「武器」はすなわち「嘘」です。フランスの裁判所は「嘘」を武器として新法理を樹立したのです。

同じことはわが国現在の裁判官もしばしばこれを試みます。その最も顕著な一例は、去る大正九年九月一日の大審院判決に現われた事実です。事件の大要は次のとおりである。ある人が妻子を故郷に残して渡米したが、十分に金を送ってこないので、妻は他人から二、三十円の金を借りて生計の用にあてた。しかるに貸主が返金を請求したところ、妻は「民法第一四条によると妻は夫の許可を得ずに借財をするをえないのだから」といって借財契約を取り消して返金を拒絶した。この場合、民法第一七条に列挙した事由のいずれかが存するならば、妻は夫の許可を得ないでもいい。したがって右の契約は取り消しえないことになるのだが、あいにくと本件についてはそういう事情もないので、形式上はどうも妻の言分を採用せねばならぬようであった。ところが裁判所は「夫ガ出稼ノ為ニ、妻子ヲ故郷ニ残シテ遠ク海外ニ渡航シ、数年間妻子ニ対スル送金ヲ絶チタルガ如キ場合ニ在リテハ、其留守宅ニ相当ナル資産アリテ生活費ニ充ツルコトヲ得ルガ如キ特別ノ事状ナキ限リハ、妻ニ於テ一家ノ生活ヲ維持シ子女ノ教養ヲ全ウスルガ為メニ、其必要ナル程度ニ於テ借財ヲ為シ以テ一家ノ生計ヲ維持スルコトハ、夫ニ於テ予メ之ヲ許可シ居リタルモノト認ムベキハ条理上当然ニシテ、斯ク解シテ始テ其裁判ハ悉ク情理ヲ尽シタルモノト謂ハザル可カラズ」という理由で、妻を敗訴せしめた。この場合、妻が許可を得ていないのは事実なのです。しかし得ていないとすると、結果が悪い、貸主に気の毒だ、というわけあいで、裁判所は「許可」を擬制してしまったのです。すなわち事実許可はないのだが、表面上これありたるごとくに装い、それを飾るがために「条理上当然」とか「悉ク情理ヲ尽」すとかいうような言葉を使ったのです。この判決が出たときに、わが国自由法運動の最も熱心な代表者たる牧野博士は「之れこそ民法第十七条の例外が裁判所に依って拡張されたものだ」と解され、これと反対にわが国におけるフランス法派の大先輩たる富井博士はこれを難じて「第十七条の例外が拡張されたのではない、裁判所は事実許可があったと云って居るのだ」といわれた。われわれはこの小論争を傍観して、そこに外面に現われた文字や論理の以外に、両博士の心の動き方をみることができたように思われて非常に興味を感じたのです。「見て見ぬふりをする」フランス流の扱い方と、それを合理的に扱って進化の階梯にしようという自由法的の考え方との対照をみることができたのです。

八

かくのごとく、歴史上「嘘」はかなりの社会的効用を呈したものであります。現在もまた同じ効用を現わしているものと考えることができます。それは人間というものが、みずからはきわめて合理的だとうぬぼれているにかかわらず、事実は案外不合理なものだということの証拠です。

しかし純合理的に考えると、「嘘」はいかぬに決まっています。あった事をないといい、なかった事をあったというのは、きわめて不都合です。ですから、一般にきわめて合理的であり、したがって、一切の「虚偽」や「妥協」や「伝統」を排斥せんとする革命家は、ほとんど常に「嘘」の反対者です。法律制度として一切の擬制をその中から排斥しようとします。その例は今度のロシヤの労農革命後の法律について多くこれをみることができます。例えば、一九一八年九月一六日のロシヤ法律においては養子制度の全廃を規定しました。そうしてその理由書には「親子法においては、われらの第一法典はあらゆる擬制を排斥して、事実ありのままの状態、すなわち実際の親子関係をただちに表面に現わした。これ単に言葉によってのみならず、事実によって人民をして真実を語ることに慣れしめ、彼らを各種の迷信から解放せんがためだ」といわれているそうです。ですから、法律の中に「擬制」がたくさん使ってあることは合理的に考えてあまり喜ぶべき現象ではなく、むしろそこに法律改正の必要が指示されているものだ、と考えるのが至当です。しかし人間が案外不合理なものである以上、「擬制」の方法によって事実上法律改正の目的を達することはきわめて必要なことです。イェーリングは上記の『ローマ法の精神』の中においてこの真理を言い表わすがため、「真実の解決方法いまだ備わらざるに先立って擬制を捨てよというのは、あたかも松葉杖をついた跛行者に向かって杖を棄てよというにひとしい」といい、また「もしも世の中に擬制というものがなかったならば、後代に向かって多大の影響を及ぼしたローマ法の変遷にしても、おそらくはもっとはるか後に至って実現されたものが少なくないであろう」といっております。

しかし、「擬制」が完全な改正方法でないことはイェーリングも認めているとおりです。「擬制」の発生はむしろ法律改正の必要を、否、法はすでに事実上改正されたのだという事実を暗示するものとして、これを進歩の階梯に使いたいのです。ことに嘘つきには元来法則がありません。ですから、裁判所がこの方法によって世間の変化と法律との調和を計ろうとするに際して、もしも「嘘」のみがその唯一の武器であるとすれば、裁判所が真に信頼すべき立派な理想をもったものである場合のほか、世の中の人間はとうてい安心していることができません。かりにまた真に信頼すべき立派な理想の持ち主であるとしても、これのみに信頼して安心せよというのは、名君に信頼して専制政治を許容せよというにひとしい考えです。フランス革命の洗礼を受けた近代人がどうしてかよくこれを受け入れましょう。彼らは真に信頼しうべき「人間以外」のある尺度を求めます。保障を求めるのです。

さらにまた、もしも法が固定的であり、裁判官もまた硬化しているとすれば、法律の適用を受くべき人々みずからが「嘘」をつくに至ること上述のとおりです。そうしてこれが決して喜ぶべき現象でないことは明らかです。子供に「嘘つき」の多いのは親の頑迷な証拠です。国民に「嘘つき」の多いのは、国法の社会事情に適合しない証拠です。その際、親および国家の採るべき態度はみずから反省することでなければなりません。また裁判官のこの際採るべき態度は、むしろ法を改正すべき時がきたのだということを自覚して、いよいよその改正全きを告げるまでは「見て見ぬふり」をし、「嘘」を「嘘」として許容することでなければなりません。

九

人間は「公平」を好む。ことに多年「不公平」のために苦しみぬいた近代人は、何よりも

「公平」を愛します。「法の前には平等たるべし」これが近代人一般の国家社会に対する根本的要求です。そうして、いわゆる「法治主義」は、実にこの要求から生まれた制度です。

法治主義というのは、あらかじめ法律を定めておいて、万事をそれに従ってきりもりしようという主義です。いわばあらかじめ「法律」という物差しを作っておく主義です。ところが元来「物差し」は固定的なるをもって本質とするのです。「伸縮自在な物差し」それは自家撞着の観念です。例えば、ゴムでできた伸縮自在の物差しを使って布を売る呉服屋があるとしたら、おそらくなにびともこれを信用する人はないでしょう。同じように国家に法律があっても、もしもそれがむやみやたらに伸縮したならば、国民は必ずや拠るべきところを知ることができないで、不平を唱えるに決まっています。

ところが、それほど「公平」好きな人間でも、もしも「法律」の物差しが少しも伸縮しない絶対的固定的なものであったとすれば、必ずやまた不平を唱えるに決まっています。人間は「公平」を要求しつつ同時に「杓子定規」を憎むものです。したがって一見きわめて矛盾したわがままかってなことを要求するものだといわねばなりません。しかし、かりにそれが実際に「矛盾」であり「わがままかって」であるとしても、人間はかくのごときものなのだから仕方がありません。そうして人間がかくのごときものである以上、そこに行わるべき法律はその「矛盾」した「わがままかって」な要求を充たしうるものでなければなりません。

なぜならば、われわれは空想的な「理想国」の法を考えるのではなくて、現実の人間世界の法律を考えるのですから。

しかるに、従来法を論ずる者の多数は人間を解してかかる「矛盾」した「わがままかって」なものだと考えていないようです。その結果、彼らのある者は、いやしくも人間が「法の前に平等」たらんことを希望する以上、同時に伸縮自在の「法」を要求してはならぬと主張する。そうして現存の「法」がある具体的の場合に、これを適用すると普通の人間の眼から見ていかにも不当だと思われる場合でも、「それは法である。適用されねばならぬ」という一言のもとにその法を適用してしまう。その態度はいかにも勇ましい。しかし、かくのごとくに勇ましくも断行した冷くして固きこと鉄のごとき彼らは、はたして内心になんらの不安もないでしょうか？　否、彼らもまた人間です。美しきを見て美しと思い、悲しきを聴いて悲しと思う人間です。必ずや、かくして人を斬った彼らの心の中には「男の涙」が流れているに違いない。もしも流れていないならば、それは「人間」ではありません。「法」を動かして「裁判」を製造することあたかも肉挽き器械のごときものたるにすぎません。われわれはかかる器械をして「人間」を裁くべき尊き地位にあらしめることを快しとしません。

しからば、心中「男の涙」を流しつつ断然人を斬る人々はいかん？　私はその人の志を壮なりとする。しかしながら同時にこれを愚なりと呼ばなければなりません。なぜならば、もしも「法」が全く伸縮しない固定的なものであり、またこれを運用する人間がこれを全然固定的なものとして取り扱ったとすれば、世の中の「矛盾」した「わがままかって」な人間は必ずや「いったい法は何のために存するのか?」といって「法」を疑うでしょう。そうしてその中の正直にして勇気ある者は「法」を破壊しようと計るでしょう。また彼らの中の利口にして「生」を愛する者どもはひそかに「法」をくぐろうと考えるでしょう。「法」をくぐってでも「生」きなければなりませんから。

彼らの中の正直にして勇気ある者はよく「嘘」をつくに堪えません。「嘘」をつくぐらいならば「命」を賭しても「法」を破壊しようと考えます。彼らは「嘘」をつかずに生きんがために、また子孫をして「嘘」をつかずに生きることをえしめんがために、「法」を破壊せんと計ります。そうして「法」を固定的なものとして考え、固定的なものとして取り扱わんとする人々の最も恐れている「革命家」は実にこの種の「正直にして勇気ある人々」の中から出るのです。

またそれほど正直でないか、または勇気のない多数の利口者は、「嘘」をついて「法」をくぐろうと計ります。「法」が固定的で、ある事柄が「有」る以上必ず適用されねばならぬようにできている以上、「有」をいつわって「無」という以外「法」の適用を免れる方法はない。「生」を熱愛する人間のこの方法に救いを求める、事や実に当然なりといわねばなりません。「法」を固定的なものとして考え固定的なものとして取り扱わんとする人々はかかる結果を好むのでしょうか？　否、彼らの最も憎みきらうところでなければなりません。しかし彼らがいかに憎みきらっても、「生」を熱愛する人々の「嘘つき」をやめることは事実上不可能です。彼らがこの否むべからざる人生の大事実に気がつかないのだとすれば、それはきわめて愚だといわねばなりません。

大河は洋々として流れる。人間がその河幅を狭めんとして右岸に鉄壁をきずく。水は鉄壁に突き当ってこれを破り去らんとする。しかも、事実それが不可能なことに気づくとき水は転じて左岸をつく。そうしてその軟い岸を蹴破ってとうとうと流れ下る。この際右岸の鉄壁上に眠りつつ太平楽を夢みるものあらば、たれかこれを愚なりとせぬものがあろうか。世の中に「自由法」なることを主張する者があります。そうしてまた「自由法否なり」として絶対的にこれに反対する人もあります。その「反対」する人々は大河をせき止めえた夢をみてみずから「壮美」を感ずる人々です。しかも実は左岸の破り去られつつあることに気のつかない人々です。それらの人々は、すべからく書斎を去り赤煉瓦のお役所を出でて、現実を現実としてその生まれたままの眼をもって、ありのままを直視すべきです。たいして骨を折ることはいりません。ただちに対岸の破壊せられつつあるのに気がつくでしょう。ところが、彼らの中にも利口者があります。口では「法は固定的なものだ」と主張しつつ実際上これを固定的に取り扱って「壮美」を味わうだけの勇気のない人々です。彼らは、従来伝統ないし独断にとらわれて口先では法の「固定」を説きます。しかし、それを行いの上に実現することができない。しからば、彼らはその矛盾した苦しいせとぎわをいかにしてくぐりぬけるか？　その際彼らの使う武器は常に必ず「嘘」です。

むろん、裁判官――ことに保守的分子の優勢な社会または法治国における裁判官――が、かかる態度をとることはやむをえません。なぜならば、彼らはこの方法によってでも「法」と「人間」との調和をとってゆかねばならぬ苦しい地位にあるのですから。ところが、法律上、社会上毫もかかる拘束を受けていない人々――学者――がみずからのとらわれている「伝統」や「独断」と「人間の要求」とのつじつまを合わせるために、有意または無意的に「嘘」をついて平然としているのをみるとき、われわれはとうていその可なるゆえんを発見することができないのです。彼らがこの際採るべき態度は、一方においては法の改正でなければなりません。他方においてはまた、法の伸縮力を肯定し創造することでなければなりません。わずかに「嘘」の方法によって「法」と「人間」との調和を計りえた彼らが、これによって彼らみずからの「独断」や「伝統」を防衛し保存しえたりとなすならば、それは大なる自己錯覚でなければなりません。

一〇

われわれの結局進むべき路は「公平」を要求しつつ、しかも「杓子定規」をきらう人間をして真に満足せしめるに足るべき「法」を創造することでなければなりません。

近世ヨーロッパにおいて、この路を採るべきことを初めて提唱したものは、フランスのGény でしょう。彼は従前フランスの裁判官が「嘘」によって事実上つじつまを合わせてきたものを合理的に観念せんがために「法」の概念に関する新しい考えを提唱したのです。その結果、まきおこされた自由法運動は、今より十数年前わが国の法学界にも影響を及ぼしはじめました。しかし、当時はただ法学界における抽象的な議論を喚起したるにすぎずして、ほとんど現実の背景をもっていなかった。しかるに、世界大戦以来、わが国一般の経済事情ならびに社会思潮に大変動を生じたため、突如として「法」と「人間」との間に一大溝渠が開かれることになり、ここに先の自由法思想は再びその頭をもたげる機会を見出しました。そうして事実それは「法律の社会化」という名のもとに頭をもたげました。

それはたしかに喜ぶべき現象に違いありません。けれども、この際われわれの考えねばならぬことは、いかに「杓子定規」をきらい「人間味のある裁判」を欲している人々でも、決して「公平」およびその「保障」の欲求をすてているのではないことです。一度フランス革命の洗礼を受けてきた近代人は、むなしき「自由」の欲求がかえって第一九世紀以来の社会的惨禍をひきおこす原因となった事実を十分に承知しつつもなお「自由」をすてようとはいいません。また、彼らは「法治主義」がややもすれば「杓子定規」の原因となることを十分に知っていながら、なおかつこの「公平の保障」をすてようとはいいません。ですから、われわれが「自由法」を唱道し「法の社会化」を主張するとしても、その際寸時も忘れることのできないのは人々に向かってその「自由」と「公平」とおよびその「保障」とを確保することです。

しかるに、近時学者の多く「自由法」を説き「法の社会化」を主張する者をみるに、あるいは「法の理想」といい、あるいは「法の目的」といい、ないしは「公の秩序、善良の風俗」という以外、真に社会の「公平保障」の要求を満足せしめるに足るべきなんら積極的の考察を提出しているのをみることができない。なるほど、それはよくともすれば「伝統」にとらわれやすい、同時にまた精緻な「論理」に足をすくわれて意気沮喪しやすい若者を鼓舞して勇ましく「新組織」への戦いに従事せしめることができよう。また従来深く根を張った「概念法学」「官僚主義」「形式主義」を打破する効力はあろう。しかし、もしも、学者のなすところがそれのみにとどまるならば、その功績はきわめて一時的である。過渡的である。

ただ旧きを壊す以外、なんら人類文化のために新しいものを建設するものではない。おそらくは彼らが前門に「概念法学」を打破しえた暁には「公平」と「自由」との要求が後門よりただちに攻めきたりて彼らを撃つであろう。もしかくのごとくんば、みずからたまたま波の頭に立ってその谷にあるものの低きを笑うとなんらの差異があるか。やがては彼らみずからが波谷におちいって追い来る人々の笑いを招かねばならぬ。かかるものにはたしてどれだけの文化的価値があるか、私は心からこれを疑うのである。

いたずらに、むなしき「理想」を説き「公の秩序、善良の風俗」を云為する者は、結局、裁判官の専制を許容するものでなければなりません。やたらに「自由法」を主張して結局その目的を達した暁に、再び「自由」と「公平」との保障を探し求めるようでは何にもなりません。われわれの求めるところは「自由」や「公平」の保障を保持しつつ、しかも「杓子定規」におちいらないもの、換言すれば「保障せられたる実質的公平」にあるのです。

従来、裁判の中に「実質的公平」または「具体的妥当性」を現わさんとする者の執った手段にほぼ二種類あります。その一は名判官主義、その二は陪審制度です。名判官をして、自由自在に裁判をさせればとにかく個々の事件に対する具体的に妥当な裁判を得ることができましょう。けれども、かくのごときは現代政治の弊にこりて名君専制主義を謳歌するのと同じ思想です。いったい、私は、「文化」というものはある特殊の人にだけできる事柄を誰にも容易にできるようにすることであり、また学問はそれを容易にできるようにする手段であると考えている。名判官なくんば、名裁判はできないというだけのことならば、それは「法学」の否認でなければなりません。それは結局名工正宗さえあれば、本多光太郎博士はいらぬというのと大差なき議論です。われわれは、名判官にあらずといえども名裁判をなしうるような法、すなわち各具体的の場合について具体的妥当性、実質的公平を確保しうべき法を作らねばならぬ。しからずんばわれわれは「自由法」をかちえた瞬間に再び「自由」と「公平」とを恋うるに至るであろう。

次にまた、陪審制度は「法」をして同時に「人間」の要求に適合せしめる第二の方法です。名判官専制主義と正反対な手段によってこれと同一の目的を達せんとする方法です。裁判官はとかく「法」本来の目的たる「公平」の要求にとらわれやすい。その結果はややもすれば裁判が「人間性」を失いやすい。それを救うがために、多数の素人を法廷に列せしめて有罪無罪の基本を認定せしめんとするものすなわち陪審制度である。この方法は裁判をしてたえず世間とともに変動せしめ、「法」をしてふだんの伸縮力を有せしめる効がある。けれども、時にはあまりに伸縮性が鋭敏すぎるために各場合の具体的事情に支配されやすく、その結果ややもすれば「理」と「公平」とを欠きやすい。

この意味において、名判官専制主義と、陪審制度とは各反対の長短を有する。そうして

「杓子定規」をきらいつつ、しかも「自由」と「公平」との保障を得んことを希望している現代人を満足せしめるがためには、両主義ともに共通の欠点を有する。

二

われわれは「尺度」を欲する。しかも同時に「伸縮する尺度」を要求する。実をいえば矛盾した要求です。しかも人間がかくのごときものである以上、「法」はその矛盾した要求を充たしうるものでなければなりません。

そこで私は、今後創造せらるべき「法」はおのおの具体的の場合について「規則的に伸縮する尺度」でなければならず、「法学」はまたその「伸縮の法則」を求めるものでなければならぬと信じます。「自由法運動」が単なる――ゴムのごとくに――「伸縮する尺度」を求めているかぎり、それはただ「過去」を破壊する効果があるにすぎません。

しからば「規則的に伸縮する尺度」はいかにしてこれを作ることができるか。これ実に今後「法学」の向かうべき唯一の目標であって、しかも、事はきわめて困難なる問題に属する。

私の考えによると、従来の「法」と「法学」との根本的欠点は、その対象たる「人間」の研究を怠りつつ、しかもみだりにこれを「或るもの」と仮定した点にある。すなわち本来

「未知数」たるものの値を、十分実証的に究めずして軽々しくこれを「既知数」に置き換える点にあるのだと思います。むろん、すべての学問は仮説を前提とします。なぜならば、問いの中に与えられた数字のすべてをして――たとえかりにでも――既知数たらしめなければ、学問的に正確な答えを得ることはとうてい不可能だからです。しかし、その際利用すべき仮説は十分の実験の上に立った十分のプロバビリティーをもったものでなければならぬはずです。しかるに、従来の法学者や経済学者は本来Ｘたるべき人間をやすやすとＡなりＢなりに置き換えて、人間は「合理的」なものだとか、「利己的」なものだとか、仮定してしまいます。かくして、学者は容易に形式上だけはとにかく、正確（？）な答えを得ることができましょう。しかし人間は、合理的であるが、同時にきわめて不合理な方面をも具えており、また利己的であるが、同時に非利己的な方面をも具えている以上、かくして軽々しく仮定された「人間」を基礎として推論された「結果」が一々個々の場合について具体的妥当性を発揮しうるわけがないのです。

　そこで私は、少なくとも法学の範囲においては、「人間」はやはり、ありのままの「人間」として、すなわち、本来の未知数Ｘとして、そのまま方程式の中に加うべきだと思います。むろん、われわれは人類多年の努力によって得た実証的の知識を基礎として、そのＸの中に既知数たる分子を探求することに全力を尽くすべきです。しかも遺憾ながら、人類が今までに知りえた知識によると、Ｘ中既知数的分子はまだきわめて少ない。結局においては、なお多大の未知数的分子の残ることを許容せねばならないのです。ですから、そのＸをみだりにＡやＢに置き換えるがごときはきわめて謙遜性を欠いた無謀の企てです。しかもさらばといって、ＸをＸのまま置いたのでは学問になりがたい。なんとかしてそれを既知数化せねばならぬ。それがためにはまずできるかぎりＸの中に既知数的分子たるａｂｃｄなどを求めねばなりません。しかし、それでもなお跡にはかなり大きな未知数が残るものと覚悟せねばなりません。そうしてその未知数をかりにｘとすれば、従来の法学がＸを軽々しくＡやＢに置き換えた代りに、これを（$a+b+c+d+x$）なる項にすることができる。むろんこの場合といえどもｘの値の決定はこれを裁判官なり陪審官なりに一任することになるのです。したがって、裁判官なり陪審官なりが、いかなる思想を有するかは結局における答えの形成に対してきわめて重要な作用を与えるものなることもちろんではあるが、ともかくも、軽々しくＸをＡなりＢなりに置き換えるのに比すれば、はるかによく各場合に対する具体的妥当性を発揮しうる。またＸをそのままＸとしてその値の決定を全部裁判官や陪審官に一任するに比すれば、はるかによく「公平」を保障しうる。かくして（$a+b+c+d+x$）の項中個々のａｂｃなどがあるいは$a'b'c'$などとなり、またあるいは$a''b''c''$などとなるに従って、これと相対的関係を保ちつつ、その「答え」が変動する。その「変動の法則」を求めるところに今後法学の進むべき目標があるのだと私は考えます。

われわれは、科学によって得た獲物を極度に利用すべきです。しかし、同時にまた獲物を過信すべきではありません。Xの中には永久にxが残るものなることを覚悟せねばなりません。いわんや軽々しくXをAやBに置き換え、これによって正確な答えを発見しえたりと考えるがごときは自己錯覚のきわめて大なるものだといわねばなりません。われわれは科学によってどこまでもXを解剖すべきです。そうして残るxの値を理想の基礎に立って定むべきです。法学における「正確さ」は実にかくのごときものでなければならないのです。

三

法学者としての私の主張は、これを具体的にいうと結局「判例法主義」（case law）にくるのです。多数の判決例の上に現われた個々の具体的事例を解剖して（a＋b＋c＋d＋x）を求めた上、これと「答え」との相対的関係を求めて、将来の事件において現わるべき「具体的妥当性」が何物であるかを推論する材料としたいのです。したがって個々の判決例は固定した「法」の各個の適用ではなくして、「具体的妥当性」を求めて千変万化する「法」の何物たるかを推論すべき重要材料だと考えるのです。

この意味において、私は今後の法学教育もまた「判例法主義」(case method) になってゆかねばならぬと確信しています。従来のごとく、Xをかりにの ABなどに置き換えて正確(?)な結論を求めたと信じている法学は学生をして「法」の神髄を知らしめるゆえんではない。それはただ多少「論理」と「手練」とを習得せしめることができよう。けれども、かくして得た「法」は真の「法」ときわめて縁遠いものだといわねばなりません。

私は、この春から大学でケース・メソッドによって法学教育を始めました。それは今多くの人々によって問題にされています。けれども、それは決して従来のいわゆる演習(Prakti-kum)というような意味ではなく、私はこれによってのみ真に「活きた法律」「一定の法則をもって伸縮する尺度としての法」を教えることができるのだと考えています。

(一九二二・六・五)

二　改造問題と明治時代の省察

この小稿は、大正一一年夏八月、大阪毎日新聞社に招かれて二日間講演をした際の筆記をもとにして出来上ったものである。したがって、元来がきわめて通俗的であって、万事がなるべく専門外の一般聴衆によって、たやすく理解せられうるように説明されている。なお講演の際には、このあとに「法治主義」と題する一章があったのであるが、それはだいたい同年七月東京日日新聞に掲げた「役人の頭」（本書九五頁以下）の中で述べたことを繰り返したものにすぎないから、本稿においてはこれを省略することにした。

元来、私は明治時代の法制史および政治史を研究することが、現代の日本を理解せんとする者にとって、きわめて重要なことを信ずるものである。私は目下その研究に必要な資料を蒐集中である。そうして本稿はその際おのずから脳中に浮かび出た多少の考えを書き記したまでのものである。

一　はしがき

金で取引をしつけている日本の商人は銀は相場が動きやすくて困るという。ところが銀で商売をしつけている中国人にいわせると、金はどうも動きやすくて困る、というそうである。環境と習慣とは多くの場合われわれの脳裡になんらか先入のあるものを形作って、事の真相をみるべきわれわれの目はとかくこれがためにくらまされやすい。

われわれは平素互いにあまり深い考慮を払うこともなしに軽々しく、あるいは「善良の風俗」であるとか「淳風美俗」であるとかいうような言葉を口にする。そうしてそれらの言葉によって言い表わされている事柄を内容的実質的に深く省察することもなしに、たやすくこれを理由として、あるいは人を責めあるいは人に刑罰までも加えようとする。けれどもわれわれはお互いにも少し慎まねばならない。事の真相をこの目この頭でありのままに観察し、ありのままに考慮して、実質的の価値判断をくださねばならぬ。

むろん人間には、結局それができないのかもしれない。人間のすべての観察と判断と意見とは、程度に多少の差こそあれ、つねに必ず主観的であり個別的である。すべての哲学も実はみな一篇の抒情詩にすぎないのかもしれない。われわれはみずから公平を誇り善智をたのんでいても、実は環境と習慣とそうしてその他あらゆる狭小な主観的事情に支配されて、単なる主観的の判断をなし、またその意見を決めうるにすぎない。けれども、われわれは努力せねばならぬ。このわれわれにフェータルな欠点に甘んじ安んじていることは絶対に許しがたい。まじめに努力しまじめに考えて事の真相をつかまねばならない。

ところが今日われわれの世の中には、ただ漠然と伝統に依倚し習慣に拘束せられつつ、平然とのんきに「淳風美俗」を説き「善良の風俗」を唱える人が少なくない。そうしてそのむなしき名によってより合理的な世界に向かわんとする人々の努力を抑制し鎮圧しようと試みる。けれどもわれわれはまずその人々に向かって反問せねばならない。そのいわゆる「善」とは何か、「美」とは何かと、われわれはまずかく反問せねばならないのである。

二

高い山に登る者にとっての最も大事な心得は、いったん霧がまいてきたが最後、もはやみだりに動きまわってはならぬということである。みだりに五里霧中を模索すれば、ついには自己の現在場所のどこなるかがわからなくなる。ひとたびそうなれば、いかに詳細正確な地図をもっていても、もはや何の役にも立たない。彼はやがて全く路を失って、ついには密林の中に餓死したり、断崖絶壁から墜死するような悲惨な運命におちいらねばならない。

また遠い海を渡る航海者にとって何よりも大切な仕事は、たえず彼の船が今どこにあるかを精確に知っていることでなければならぬ。このゆえに古来、天文学は航海術に伴って発達した、といわれている。今でも遠い海を渡る航海者は毎朝毎夜、あるいは太陽を観測し、あるいは星の位置を案じて、その船の所在を確かめる。しかる後初めて、彼は海図の上に進路を描き、羅針盤によってその航路を進むのである。したがって一朝濃霧の包囲するところとなり、または暴風雨の襲うところとなって、自己の所在を失うとき、いかに精密な海図あり、いかに正確な羅針盤ありといえども、そは彼のためもはやなんらの役をもなさない。彼にとっては、彼の現在場所を知ることがなによりも大切なのである。進路を定めその路を進むことはようやくその後の仕事でなければならない。

ところが現在わが国における幾多の改造論者の中には、その意見が革命的のものであると、改革的のものであると、また進歩的なると復古的なるとに論なく、この山に登る人々、船をあやつる人々と同じだけの心掛けをもった人があまり多くないように思われる。ことに「現在」をだいたいこのまま肯定しつつ、わが国をこのままま っすぐに進めようとする保守的の意見、および現在の制度に幾多の欠陥を認めつつも、なおかつだいたいにおいて、これを是認して、いわゆる「日本古来の淳風美俗」によって多少の復古的改革を加えようとする意見の持ち主は、現在われわれの住んでいる環境が客観的実質的に観察していかなるものであり、いかなる価値をもつものであるかを十分に考えることなく、ただ自己のきわめて狭い経験と浅い知識とによって、わずかに形成しえたところの主観的な標準を目して、なんらか絶対的な高い価値あるもののごとくに考えている。そうして不謙遜にも、みだりにこれに「日本古来の淳風美俗」なる名をつけ、これを標準として、「国民を善導」しようと考えている。彼らはみだりに「善」といい「美」という。そうして国民を指導するという。しかし、彼らははたして現在のこの日本の所在について、どれだけ精密な知識を有するのであろうか。濃霧にまかれた一隊の登山者が、現在における彼らの位置さえも確かに知らない怪しげな案内者によって、むやみと山中を引きまわされたとしたならば、結局、彼らはいかなる運命に立ち至るであろうか。また深いガスに囲まれて、全く自己の所在を失ってしまった船長が、もしも海図と羅針盤とだけを頼りにして、全速力を出すようなことがあれば、その船やがておちいるべき悲惨な運命は、なにびともこれを予想することができるではないか？しかるに、みずから案内者をもって任じ、船長たるを誇っている現在の権力者ならびに有識者たちは、みずからよく日本を知れりと妄信し、またよくこれを理解したりと豪語しつつ、われわれを「指導」していずこへか行かんとしている。われわれの明日ははたして危うくないであろうか。

三

私は老人は年寄なるがゆえに当然だめなものと決めているわけではない。また若い者はただ若いがゆえに当然優れているのだとも思っていない。けれども今日の老人はその生涯の大部分——しかも重要な部分——を明治時代において過ごした人々である。その結果これらの人々は多く「明治」という世界歴史の上からみても珍しいきわめて特異な一時代を目してノーマルな「善」き「美」しき時代なりと考えているらしい。

実をいうと、「明治」ぐらい特異性をもった時代は世界歴史の上にもあまり多く記録されていないのである。しかるに、その特異な環境、アブノーマルな空気の中に永年住みなれた人々は——広く世界を観察し、深く歴史を考え、またまじめに現実を直視したわずかな人々を除くほか——多くその特異性に気がつかない。そうして、その特異な環境に影響されて出来上った狭小な主観に向かって永遠な絶対的客観的の価値を評価し与えることによってみだりに「善」を形作り「美」を提唱し、これを標準として万事を評価し、またこれをもって将来に対する指針たらしめんとしている。

鎖国三〇〇年の夢から目ざめて急遽西洋文明の足跡を追随した明治時代はあらゆる意味において特色のある時代であった。その特色を一々あらゆる方面にわたって詳しく論ずることは、とうていこの一小論文のよくするところではない。けれども、きわめて唯物的であり、また功利主義的であったことはその最もいちじるしい特色でなければならない。明治人は概して手近な成功をのみ目指したきわめて功利主義的な人々である。なるほど、かくのごときものの考え方は、従来無知にしてただいたずらに豪語し、また伝統に安んじてなんらの向上心もなく安眠をむさぼっていた、当時の人々を奮起せしめるの功があったに違いない。目ざめたばかりの、またはまだ眠っていた彼らに向かって、高遠の理想を説くよりは、むしろ手近の成功を示し告げたほうがよかったに違いない。そうしてその方策はそれ自体たしかに成功したには違いないけれども、同時に遺憾ながらわれわれ日本人一般の脳裡に拭うべからざる一つの汚点を残した。それすなわち唯物的なきわめて短見な功利主義的の思想である。親人々はみなよい人になろうとは考えずに、むしろ偉い人になりたいとばかり考えている。親もかく教え、国家もかく教えて、若い人々はみな手近な小さい成功のみを夢みている。

次にまた明治は「小知恵専制」の時代であった。万事をすべて合理的に理解し説明しようと努力した結果、その理解し説明しえざるところのもののすべてを否定し去らんとした時代であった。われわれ人間の持ち合わせている知能の小さくかつ憐むべきものなることを全く忘却して、この小知をもって理解しえざるもののすべてに向かっては、その「存在」をさえ全然否定し去ろうとするのが明治の進歩した人々の考え方であった。私は決してかくのごとき意気と努力とを不可なりとするのではない。これあるによってのみ人類文化の進歩があるのだと考えている。しかしながら、たえず最大の努力をもって突き進みつつ、しかもその理解しえざるもの説明しえざるもののすべてを否定し去る権利が、どうしてわれわれにあるのか？「思索する人の最も美しき幸福は探究せられうるものを探究したことであり、そうして探究しえられないものを静かに尊敬することである」(Das schönste Glück des denkenden Menschen ist das Erforschte erforscht zu haben und das Unerforschliche ruhig zu verehren) というゲーテの言葉はわれわれにとって永遠の価値ある教えでなければならない。しかるに小知恵専制の明治時代には、全くこの思想が消え失せていた。それはちょうど、初めて飛行機を見た野蛮人が、それを神なりとなし、その万能を信ずると同じように、物質文化の美しさに眩惑された明治人は、その文化の源泉たる科学に向かって、相当の評価を与えることができなかった。そこに小知恵の専制が生まれたのである。

四

明治は西洋文明の追随吸収を唯一の目的とした時代である。上述した一、二の特異性のごときも、実はその一影響にすぎない。

鎖国の夢から目ざめた維新の先覚者は、何よりもまずわが国をして欧米諸国と肩をくらべうるものたらしむべく努力せねばならなかった。それは当然として彼らのまさに執るべかりし態度であったに違いない。そうしてそれはたしかに、われわれのために、幾多のいいものを作り上げた。けれども同時に、うちになんら内発的自発的の理想を蔵することなく、ただひたすら西洋文明を追随して彼と同等の標準にまで成りあがろうとばかりあせっていた結果は、そこにおのずからいろいろの特異的現象を生み出さずにはおかなかった。先に一言した「功利主義」、「小知恵の専制」のごときもその一例にすぎないのである。そうして私の専門とする法律、政治の方面に至ると、これにもましてさらにいちじるしいいろいろの特色に気づくのであって、今日深く考えない一般の人々が当然のこと自然のことと考えている幾多の制度組織も、実は明治特異性の一所産にすぎないことを発見するのである。

私は改造論の第一歩として、このことを十分よく一般人にのみこんでもらわなければならないと考える。ことに明治時代以来、権力者、有識者としてわが国の指導的地位に立ってきた人々およびなにげなく平然とこの事実を是認している幾多の人々に向かって、諸君のみずから「美」と信じ「善」と思うところのものが、実はみずから赤い空気の中に住んで万物を赤しとなすのたぐいではあるまいか、ということを静かに反省してもらいたいと思う。それがために私はただ事実を事実として諸君の眼前に展開してみたいと思う。なんら特に多く自己の意見を開陳せんとするのではない。

これがこの小稿の主な目的である。

一

第一　国家の指導的態度と画一主義

明治時代の最も顕著な特色の一つは、国家があらゆる方面において国民を指導せんとしたことである。そうして国民一般もまた単に国家のこの態度を是認したのみならず、国家の指導に信頼し依倚することによってのみ万事をなしとげえたのである。当時の国家は、ひとり経済的物質的の方面においてのみならず、精神的の方面においてさえ国民を指導せんとし、しかもかなりの程度においてそれに成功したのである。役人が美しいといえば国民もまた美しいといい、役人が醜いといえば国民もまた醜いといったのがあの時代である。のみならず国家は道徳風俗の源泉となり宗教をさえもその手中に統一しようと企てた。そうして国民は多くそれをふしぎとも思わなかった。国家とその法律とは万能であり、至善であると考えた。そうして国家の名のもとに万事がなしとげられ、国民は一般に国家の前に一切の批評力を失った。静かに考えてみれば、それはいかにもふしぎな現象である。しかもそれはたしかに事実であったのである。

しからば、かかる現象ははたしていかなる原因から生まれたのであろうか。

二

いったい国家には指導的職能のあるものであろうか？　また指導的態度をとっても差支えないものであろうか？　われわれはこの問いに向かって概括的な答えを与えることはできない。それは時代により国により、また事柄によっておのおの別々に考えられ答えらるべきであると思う。しかし概していうならば、革命ないし大改革の行われた後の国家はだいたいにおいてははなはだしく指導的の態度を発揮するものであり、またせざるをえないものである。これ革命後の諸政府があらゆる方面にわたって、あとから平静に考えればおかしく思われるような法令を多量に産出するゆえんなのである。そうして私はわが国明治維新以後の政府が、あらゆる方面にわたってひろく指導的態度をとりえたのも、実はこの現象の一例にすぎないものと解するのであって、ことに西洋文明を追随し模倣することによって、西洋諸国と同列にまで浮かび上がろうとする努力が、国民一般に共通する志望であったことは、実に政府をしてやすやすとその指導政策を遂行することをえしめたのだと考えている。

当時政府にあった人々は一般国民に比すればすべてみな先覚者であった。そうして自己の力足らざるを思えば、あるいは学校を作って秀才を養い、あるいは人を欧米に馳せてかの文物学術を修得吸収するに努め、これを手足とし羽翼として、一般国民の上に指導的態度をとったのである。このゆえに当時は商業、工業その他経済的一般の事業さえもすべて国家の指導ないし奨励によってなしとげられた。教育もまたすべてこの国家的目的を達する手段にすぎないと考えられていた。そうして政府とその役人とは物質的にもまた精神的にも立派な優越者であった。しかのみならず国民一般がわが国をして急速に欧米諸国と同列にまで浮かび上がらせようと熱望していたことはあたかも政府のこの態度と軌を一にしていたために、朝野心を一にし官民合同して国力の発展、国威の発揚に努力することができたのであって、この間政府とその役人とは常に指導的地位に立ち、国民は唯々そのいうところに盲従してひたすら突進をつづけたのである。

三

「西洋」という遠い美しい国に渡り着きたいという挙国一致の熱心な願望からして、国民一同は一隻のボートに乗って大海のまっただ中に漕ぎ出した。舵をにぎった指揮者は度の強い望遠鏡をもっている。彼はこれによって遠く目的地をながめつつその美しさを漕手に語っては彼らを激励している。漕手はむろん望遠鏡をもたぬ。彼らはただ彼岸に漕ぎ着きたい一心からひたすら舵手のみるところ、いうところに信頼して、目的地に背をそむけながら、一心不乱に漕ぎつづけている。舟ははたして矢のように進む。そうしてしまいには、もはや望遠鏡の力を借らずとも、目的地をみうる所まで漕ぎ着いた。

明治五〇年の間におけるわが国の躍進は実にこの船足のごとく目ざましく速やかなものであった。物質的にはもちろん精神的方面においてさえもかなりに急速の進歩をとげた。国際的経済競争において相当の地歩を占めることができたのみならず、武力の争闘においてもまた日清・日露両戦役の大成功を収めることができた。この目ざましい発展はたしかに世界を驚かし、かつ恐れしめた。そうしてこの結果たるやいうまでもなく、実に挙国一致、朝野力を合わせて突進したことの賜物であって、とにかくわが国の明治は一つの成功であったということができる。

けれども、明治の指導者には内発的の理想もなく、また経綸もなかった。彼らはただわが国をして欧米先進の国々と同列にまで進歩せしめようと努力したにすぎなかった。彼らはただ一般国民のもっていない望遠鏡をもっており、これによってみずからひとり彼岸を見ることができたにすぎなかった。したがって舟がだんだんと彼岸に近づいてもはや望遠鏡を必要としないほどになったとき、指導者はようやく不安を感じはじめた。われわれは今までともかくも突進してここまで漕ぎ着けた。けれども、われわれはいよいよ彼岸に漕ぎ着いたとき、そこにそのまま立ちどまっていいのではない。われわれは今までと同様、国民を率いて進まねばならない。しかし考えてみると、われわれが今まで国民を指導してきた唯一の目標は「西洋諸国に追いつく」ということであった。われわれはそれ以外別に深く何物をも考えることなしに、ただ望遠鏡を頼りにして彼岸をながめた。そうしてひたすらその追随と模倣とのみによって、ともかくもここまで漕ぎ着けた。しかし、いよいよ彼岸に到着した暁において、われわれは何を目当てに国民を率いたらいいのだろうか。明治以来の指導者はかく考え、かく不安を感じつつも、なお漕手を激励して力漕をつづけさせようとした。けれども漕手はすでにやや疲れて今までどおりの盲進猪突をつづけることができなくなっていた。漕手は面をあげて舵手を見た。しかるになにごとぞ、舵手の面上には一抹の不安がただよっている。舵手はいよいよ彼岸に到着した後において何物を目標として漕手を率い行くべきかについてなんらの自信もない。彼は明治五〇年の間、ひたすら望遠鏡を頼りにして指導をつづけてきた。けれども今、もはやこれを必要とせぬほど目的地に近づいたため、やむなく急に目から望遠鏡を離してみた。しかるになにごとぞ、五〇年の久しきにわたって、ひたすら望遠鏡をのぞきつつ追随と模倣とのみをつづけてきた彼の肉眼は、憐むべし全くその自然の力を失って、もはや何物をも正視することができなくなっていた。彼が心に自信を失い面に不安を浮かべたのはけだし当然である。

ここにおいて漕手は疑った。いったいわれわれはどこへ行くべきであろうか？　彼らはかく問うた。けれどももはや肉眼の力を失ってしまった舵手にはむろん十分の答えを与えることができなかった。そこで今までひたすら舵手の言を信じて力漕をつづけてきた人々は急にうしろをふりむいて行手をながめた。舟はもう望遠鏡を要せぬほど彼岸に近づいている。漕手の健かな肉眼はもはやすべてをありのままに見ることができる。そうして彼らがいま自己の肉眼によって見たところの彼岸は、今まで舵手によって言い聞かされていたものとは非常に違っていた。第一、今まで舵手はきわめて視野の狭い望遠鏡をもって狭い一つの場所だけをみつめていた。それ以外に幾多の複雑したもののあることを全く知らなかった。したがって、われわれが一生懸命力漕していた五〇年の間に、舵手の選んだ視野以外には、幾多の驚くべき変化があったのだけれども、舵手は今まで全くそれを見逃していたのである。

しかるに今、漕ぐ手を休めて眼の前の上陸地をながめた漕手の肉眼には、陸上一帯の全景がありのままに映った。しかも、その映った全景はきわめて複雑な相を示していて、とうてい今まで舵手によって語られたものとは似てもつかぬものであった。

漕手は惑った。いったいわれわれはどこへ行ったらいいのか？　舵手は肉眼の力を失っていながら、それでもなお虚勢をはって、ただ、今までどおり前へ進めと命令した。けれども漕手はもはや彼の命令を奉じない。甲の漕手はいう、おれは左へ行く。乙の漕手はまたいう、おれは右へ行く。そうして丙はまっすぐに行くといい、丁はまた後方へ行きたいという。彼らはいずれもみな、いよいよ自己の眼をもって見、自己の心をもって考えつつ、みずから自己の途を歩みたいといいだしたのである。

舵手は驚いた。「民心が混乱した」と唱え、「国民思想が悪化した」と叫んだ。そうして今までと同じように自己の指揮のもとに国民をして挙国一致の突進をつづけさせようとあせった。けれども、時はすでに遅かった。なぜならば、彼の肉眼は、すでにその自然の力を失って、何物をも正視することができなくなっていたからである。

舵手はあわてた。けれどもわれわれの懐中にはもはや何の貯えもない。したがって指導をつづけようとしても、これをつづくべきなんらの方策をももっていない。当惑の極彼はついに一夜ひそかに五〇年を走りもどって、その昔長い安眠をむさぼっていた故郷に帰った。そうして昔門出の際、邪魔物なりとして塵溜にすててきた「日本刀」を拾い出した。彼はこの「日本刀」に「淳風美俗」とか、「美風良習」とか、「国民道徳」とか、その他あらゆる美しくかつ麗かな名称を付して、意気揚々と国民の面前に現われた。そうしていった。いよいよ立派な指揮刀ができた。みなの者これに従って突撃せよ、と。けれども、彼がいよいよその刀を抜いて高く振りかざしてみると、驚くべし刀は全く赤くさびている。刀は五〇年の間彼によって塵溜の中にすてられていたのだ。それがさびているのは当然である。彼はあせって「民力涵養」の声をあげ、「民心統一」の必要を叫びつつ、「刀」を振りかざして、今までと同様の指揮をつづけようと努力したけれども、さびた刀にどれだけの威力がありえよう? 国民は仰ぎみてただ笑いかつあざけるのみであった。民心の統一はかくしてみごとに失敗に終ったのである。

四

けれども、舵手よ、驚くことはない。悲しむこともない。君は民心の統一に失敗した。それがため今後の国民は突如指導者を失ったためにちりぢりばらばらに行き迷うに違いない、と君は思いわずらっているらしい。けれども、心配することはない。君が今まで目当てとして指導してきた彼岸にはもはやみな行き着いたのだ。そうしてこれからいよいよ君の指導を離れて自己の眼、自己の頭、自己の足を頼りに自力をもって自己の途を進もうとしているのだ。彼ら各自の進む路はおのおの違っている。なぜならば、彼らはみなおのおの自己の善しと信ずるところに向かって進んでいるのだから。今までの指導者であった君、そうして今後もまだその地位は離れたくない君、あの有様を見てさだめし「民心混乱」したりと案じているのであろう。けれども、案ずることはない。今まではただ君の言葉を盲信しつつ、ひたすら盲従をつづけてきた無為無力な彼らが、今やいよいよ自力をもって歩みはじめたのだ。彼らの歩み行く方向はおのおの非常に違うとしても、しかも彼らはおのおの自己の「善」しとするところに従って己れの「道」を求めているのだ。今までただ「盲従」をのみこととしていた彼らが、今や一人歩きを始めたのだ。「善」を求め、「道」をたずねて一人旅を始めたのだ。喜べ喜べ、今や日本国民は初めて真の進歩発展をなすべき発程線にたどり着いたのだ。

それだのに君はどうして悲しむのか？

君は君の指導のもとに日本国が偉大な発展をとげたといっている。それはたしかにそうに違いない。けれども、そのいわゆる「発展」とは単なる模倣にすぎない。吸収にすぎない。君の指導のもとに日本国民は世界文化のために何物を貢献すべく生み出したか？　それは実に「零」に近いではないか？　ところが今、その日本国民がいよいよ自力をもって歩みはじめたのだ。いよいよ真の「発展」をとぐべき序幕が開かれんとしているのだ。この時にあたってなお君がみずからの無力を忘れて指導をつづけんとすることは、いたずらにただ国民の創造性をはばむにすぎない。

ここにおいて私はいおうと思う。君は今や最も謙虚でなければならぬ。そうして国民に自由を与え創造を許さねばならぬ。かくして初めて真の日本が出来上るのである。君がこの上なお指導をつづけようとあせることは、いたずらに国民の自発心と創造力とを妨げるだけである。国民の内発的な徳性を害するだけのことである。

山に登る者にとっての大きな不幸は、道を知らずまた自己の所在をさえ明らかにしえない案内者によって、みだりに山中を引きずりまわされることである。かかる案内者は今やもうその職を退くべき時がきたのだ。彼は今後ただ荷をかついですなおにわれわれの跡をついて来てくれさえすればいいのである。

五

次に明治政府の政策ならびに法制の全般に通じて見逃すべからざる一つの特色はその画一主義的色彩である。明治以前におけるわが国の法制が、地方的にもまた階級的にも、きわめて分裂した複雑なものであったことは、ひろく人々の知るところである。したがって王政復古を標榜し、もっぱら中央集権を念とした維新政府が、政権のすべてを一中央政府に集中して、複雑な法制を統一することに努力したのは、けだし自然の趨勢であって、その政策がとかく画一主義的の色彩を帯びた原因もまたここに存するのである。けれども、さらにこまかに観察してみると、その原因はなおいろいろ別に考えることができる。

まず第一に、明治政府の使った「規準」が上述のとおりだいたい外来のものであったことは、その政策をして画一主義におちいらしむべき大なる原因となった。当時の為政者にとって最も大切な事柄は西洋文明の追随であった。これによって彼と同等の国に成り上がることであった。このゆえに、そのなすところはもっぱら彼の模倣であり追随であって、なんら自発的独創的の規準をもたなかった。すべてはただ外来の規準によってのみなされたのである。したがって、そのこれを現実に適用するにあたっても、多く融通のきかない固定的画一的の方策をのみ行った。その結果、都会と農村との差異、各地に現存する地方的特色のごとき、その他幾多の現実的特殊性は多く無視せられて、今や一律の法制、一様の政策のもとに規律せられ取り扱われることになったのである。

次にまた明治のわが国が欧米諸国を追随すべくあまりに急なりしことは、おのずからまた画一主義に甘んずるのやむなき結果を生ぜしめたように思われる。なぜならば、画一主義はつねに拙速主義の随伴者であるから。いったい法律は性質上画一的性質をもったものである。これと現実社会の特殊性とをいかに調和すべきかが常に立法上の問題となり法律学の疑問となるのである。そうしてその画一的性質は同時に法律の拙速主義的特色と深く関連を有するものであって、いわゆる法律の素人によってしばしば法律は不道徳なりとの非難をなされるのも実はこの点なのである。しかし多数のものを迅速に取り扱う必要が起これば、そこに必ず拙速主義の必要が感ぜられる。そうしてその結果必ずある程度において特殊的需要を無視した画一的方策が行われねばならぬことになる。明治政府の施設が画一主義的色彩を多く示している理由もまたこれと同じである。突如旧来の制度、文物を破壊して新たに外来の規準を応用しつつ迅速に新制度、新文化を樹立せんとしたとき、そこにおのずから拙速主義が生まれ画一主義が力を得たのは当然である。それはちょうど軍隊において兵士にはかせる靴の大きさには初めから種類が決まっているのと同じことである。多数の兵士に向かって迅速に靴を行きわたらせるためにはとうてい一々足を測った上注文を出すというわけにはゆかない。多少の大小長短はあっても、なんとかむりにはかせて急場の用に立てようというのが軍隊のやり方であり、そうしてまた同時に明治政府のやり方であった。

しかのみならず、自己の力を信ずる人々、意志の力に無限の価値を認める人々をして政治を行わしめれば、そこに必ず画一主義が生まれる。彼らは自己の所信を貫徹するに急にしてかつその信念あつきがゆえに、多く人民の特殊的需要を考慮することなしに、万事自己の方寸によって規律し処断せんとする。彼らはすべて法律に無上の力を認める。このゆえに歴史上大法典を制定した大帝は多くその法典の万古不易を信じ、註解釈義によってみだりにその意義を変更すべからざることを命じている。例えばローマの大法典を編纂せしめたユスチニアーヌス帝はその註解を禁じて後世異説をなすべからざる旨を命じており、ナポレオンのごときは法典成りたる後、いくばくもなくその註解書を献ずる者あるや「わが法典すでに失われたり」と嘆じたとさえ伝えられている。

明治の為政者は一般国民に対する関係上明らかに優越者であった。為政者みずからこれをもって任じ、国民もまたこれを許していた。このゆえに国家の力をもってし法律をもってすれば何事をもなしとげうべしとする思想は、ひとり為政者の間においてのみならず、一般国民の間においてもまた広く是認せらるるに至り、その結果、各個国民の特殊的需要に向かって多くの顧慮を払うことなく、万事を画一的に規律することがはなはだしき故障もなしに行われえたのである。

けれども、元来、国権にしてもまた法律にしても、それは決して万能のものではない。立法の問題は畢竟いかなる程度まで各個人の特殊的需要を斟酌すべきかの問題に帰着するのである。画一は結局ある程度まで常に必ず必要であろう。けれども、それは決して法の絶対的理想ではない。

六

明治の法制ははなはだしく画一的であった。それは明治時代としてやむをえざることであり、また当時として大いに意味のあることであった。けれども当時としてやむをえざるものであり、また大いに意味のあることであったということは、決して今日なお同じことを同じようにつづけてゆけという意味にはならない。

明治時代の法制ならびに政策が画一的であったことはすでにいろいろの意味において多大の実際的不都合を生ぜしめている。まず第一に、各種の施設がだいたいにおいて都会本位であり、したがって都会と農村との本質的差異が十分に意識されていないことは、今日重大問題として一般人士の注目をひきつつある農村問題の最も大きな原因をなしている。このことは私の従来しばしば論じたところであるが、元来農村生活の特色は実物経済的色彩が都会のそれに比してははなはだしく濃厚なるにある。したがって農村人にとっての貨幣は都会人にとってのそれよりもはなはだしく貴重なものである。しかるに従来為政者のなすところは多くこの根本的差異に注目することなく、あるいは農村に向かっても都会に対すると同様に金銭を必要とすべき施設を要求し、あるいは農村人をしてますます金銭の必要を感ぜしむべき各種の方策を実行する。なるほど資本主義の影響は農村生活までをも漸次に貨幣経済化する傾向がある。したがってこの傾向と歩調を合わせつつ農村人に金銭を要求することは必ずしも非難すべきではない。かえって法令の力によって農村経済の貨幣化を防止しうべしと考えることがおかしいのであろう。けれども、従来の為政者が右の点を十分考慮することなしに、みだりに農村に向かって都会に対すると同様の貨幣を要求したことは、農村生活をしてやがて今日の窮境におちいらしめた大なる原因であるといわねばならない。この点において現在行われつつある地方税、教育、娯楽、道路、衛生などに関する諸政策、公有林野利用策などには大いに反省を要すべき余地があるように思われる。

次にまた各種の法制が画一的であることはいろいろの方面において不都合を生ぜしめている。例えば、現在の民事訴訟法によると、五円、一〇円というようなわずかな金額を訴求するにも、必ず数百円を訴求するのと同様の手続をふまねばならぬ。その結果、小額債権を裁判所の手をへて取り立てるとかえって費用倒れとなるのおそれがあり、裁判所があっても結局何の役にも立たないというような変な結果におちいっている。また昨年できた借家法のごときでも——その適用地区が東京その他重要都市に限られている点において従来幾多の法令とはやや趣きを異にしてはいるものの——その同じ法律が住宅、商店、オフィスビルディング内の貸事務所、九尺二間の裏長屋などの別なく、すべて家屋の賃貸借に適用されることになっているけれども、かくのごときはきわめて無意味な画一であって、その結果少なからざる不都合のあることはわれわれのしばしば耳にするところである。

七

明治の法制が画一的であることは一方よりみればやむをえざることであり、また他方よりみれば必要なことでもあった。けれども、無用の画一が各個人、各地方、各職業の特殊的需要を無視し、その利益を害することははなはだしきはすでに上述のとおりである。今後の立法者はすべからくこの点にかんがみてまず現実を直視せねばならぬ。そうして現実の前に謙遜でなければならぬ。「頭のいい」立法技師が自己の頭の先だけを頼りに小利口な——現実を無視した——立法をなすことは今後においてはもはやこれを許すことができない。大急ぎのあまり、できあいの着物を着てともかくも間に合わせていた時代はすでに遠く過ぎ去った。今後のわれわれは急ぐことはいらぬ。もっとおちついてまず現実を直視せねばならぬ。そうしてお互いにもっとゆきたけの合った生活をせねばならない。

ところが、為政者にとっては、画一主義はなによりも便利である。第一に各方面の特殊事情などを一々調査する面倒がなくていい。また画一主義は形式上公平なるがゆえに、形式的だけにでもむやみと公平を要求する現代人——そうしてそれが多くの場合かえって実質的の不公平をひきおこしている——をともかくもひとまず満足させて不公平のそしりを免れることができる——このゆえに為政者は常に画一主義を好む。

しかし為政者の画一癖はひとりこれを政策、法制の上に実現するのみをもって満足せず、ついには政治の相手方たる人民までをも画一的のものにしてしまおうと考える。人々の心はその面と同様に種々雑多である。したがって、そのすべてを満足せしむべき政治を行うことは為政者の最もかたしとするところでなければならぬ。もしも、この種々雑多の人心が多少なりとも統一することになれば政治はよほど楽になるわけである。このゆえに為政者は常に国民思想の統一を希望するものであって、それがためには宗教、教育など、その他あらゆる手段を利用するものであり、はなはだしきに至ってはしいて外敵を求めることによって民心の緊張合同を計ろうとする者さえある。そうしてこの点においてわが国明治の為政者のなしたるところはかなり極端にまで及んでいる。

まず第一に、彼らは道徳の源泉を国家の手中に掌握しようと企てた。そうしてこれがためには宗教を排斥したり圧迫したりすることさえもあえて辞さなかったのである。なるほど憲法によると「日本臣民ハ安寧秩序ヲ妨ゲズ及臣民タルノ義務ニ背カザル限ニ於テ信教ノ自由ヲ有ス」ということになっているけれども、宗教中特に民心の統一に最も都合のいい神道には、これを宗教にあらずとする特別の解釈を与えて、その信仰を国民の全部に強制しようと企て、その他の宗教の中でも民心の統一に害なきかまたはその役に立つものだけは特に寛大に取り扱い、または保護を与えているけれども、全然異別の出発点から道徳を説いているキリスト教のごときに至ると、陰に陽に幾多の圧迫を加えて、とかくこれを邪魔物扱いにしている。

また国民普通教育をなすにあたっても、例えば日本国民全体が同一祖先から出たものだというような科学上むしろ反対が立証されている独断をかってに作り上げるなど、その他民心の統一に都合のいいことばかり教えこむことに熱中している。しかのみならず国家は教員を統一することによって統一教育の目的を徹底せしめんと欲し、教師ことに小学教員の思想、信仰なぞに向かってさえしばしばいろいろの強制を加えている。そうしてはなはだしきに至ると、ひとり教科書の国定のみをもって満足することなく、さらに教員用の参考書を作り、また視学官をして監視せしめるなどの方法によって、教科書の解釈説明をさえも国家的に統一しようと考えている。けれども、責任は常に自由とともにのみ存在する。小学教員の自由を極度に束縛し、これをしてすべて国家の蓄音器たらしめんと企てるとき、そこにどうして責任心に富みかつ仕事に興味をもった優秀なる教員を期待することができよう。小学教員改良の問題は一部においてはたしかに待遇改善の問題である。けれども、同時にそれは自由の問題である。監督の問題である。

八

国家とその政治とは必然的に画一的傾向をもつものである。また政治は国民思想が統一すればするほどやりよいに違いない。このゆえに私は決して画一主義を絶対に不可なりとし、民心統一をもって全然不必要なりとするものではない。けれども、政治を容易ならしめることにのみ熱中して民心の統一にのみ注意を集中するときは、その結果ややともすれば各個人民の内容実質が貧弱なものになるおそれが多い。ことに道徳の源泉を国家の手中に独占し、力を用いて道徳の実行をしいるがごときは、いたずらに国民の徳性を害するのみであって、なんら利益がない。

国家の法律を尊重するのはむろんいい。けれども、法律にさえ従っておればそれ以外なにをしても差支えないというようないわゆる「免れて恥なき」人々の思想は、国家が道徳の源泉までをも独占せんとすることの当然の結果である。また国民の思想を統一せんとする企ても為政者の所為として必ずしもふしぎなことではない。けれども、かくして国民全部をして国家の前に全然批評力を失わしめることは決して策の得たるものとはいいがたい。われわれはすべて自己の「尺度」をもたねばならぬ。自己の国家をも批評することができねばならぬ。かくしてこそ初めて真に内容の充実した国家ができるのである。自己の国家を批評しえざる国民をもつことは決して国家の誇りではない。

九

わが国の国民は今や国家の指導を離れて自己の眼、自己の頭、自己の足によって自力をもって自己の途を歩み行かんとしている。このときにおいて国家の彼らに向かってとるべき態度は謙虚でなければならぬ。彼らに向かって自由を与えねばならぬ。そうして彼らみずからの責任をもって自由に歩ましめねばならない。私は、かくすることによってのみわが国民の自発性と創造力とを発揚せしめ、真に道徳的であり、実質的に充実した国民を作りうるものだと考える。

国家の指導政策と画一主義とはかつて大いに功績があった。けれども、それは同時にはなはだしき害毒を伴いやすいものなることを忘れてはならない。

第二　自由主義

一

自由は現代人の既得権である。いかなることありといえども、われわれはもはやこれをすてたくない。けれどもあやまって小さき自由に執着するときはしばしばかえって大なる自由を失い、みだりに自由の形式のみに捉われるときはかえって実質的の自由を失うおそれがある。

第一八世紀のヨーロッパに勃興した自由主義の思想は、あらゆる意味において、あまりに束縛多かりし旧制への反動であった。そうしてその思想は、第一八世紀の末葉においてはすでに政治的にもまた経済的にも確立せられるに至った。イギリスにおいては、すでにアダム・スミスの理論によって基礎づけられた自由主義経済思想が事実上確固たる地歩を占めるに至った。フランスにおいてはまた、一七八九年および一七九三年両度の人権宣言がきわめて明瞭に自由主義を宣言した。そうしてそれはやがて強い大きな波紋となってヨーロッパ全土に波及したのである。

すべての人々をして自由に契約をなさしめるがいい。自由にその所有物を利用し処分せしめるがいい。各人はおのおの自己のためにその最善を求めるに違いない。そうして各人はおのおの自己の好むところに従って満足せしめられ、その結果、社会全体もまたおのずから最善に到達するであろう。国家はみだりに干渉してはならぬ。ある者の特別な保護を企ててはならぬ。すべてを各人の自由に放任せよ。

第一八世紀の自由主義はかく教えた。そうしてその思想はやがて社会上かたく確立されて第一九世紀に引き渡された。人々は「自由」の名に眩惑されてむなしくその美しき名をたたえた。けれども、「現実」はその後いくばくもなく冷たい手をあげて夢見る人々の肩をたたいた。自由の世の中は自由競争の世の中であった。強者と弱者との自由競争は無惨にもたちまち弱者の惨怛たる敗北となった。「自由」その名は美しい。けれどもこれによって実質上真に自由の利益を享受しうるものはひとり強者のみであった。弱者は勝ち誇りたる強者の膝下にひれ伏して、「生存」を乞い受けるのほかはなかった。彼らはかくして賃銀奴隷となりおわったのである。

ここにおいてか第一九世紀の中葉にはすでに自由主義に対する逆潮が各国を通じて漸次その力を得るに至った。

二

自由主義は明治維新とともにきわめて力強くわが国に侵入した。封建治下における多年の圧制拘束に疲れた人々は自由にあこがれた。そうして自由の名のもとに何事をもなしとげようとした。むろん同じ明治時代でもその間に行われた自由主義の思想にはおのずから多少の消長はあった。また自由主義の主張のうちある種のものはいまだになお十分行われていないし、当時といえども必ずしも欧米人が理解したと同じ意味において自由主義を理解したものとは思われない。けれどもそのうち最も重要な職業の自由と契約の自由と財産の自由とは、すでに明治の当初において早くも制度の上に実現されて、その後漸次にその根底を深めていった。

まず第一に、今まではある種の階級またはある種の人々に限って従事することのできた各種の職業が、維新とともに漸次四民に向かって平等に開かれることになった。それが職業の自由である。第二には、また従来各種の法律関係が当事者任意の合意による自由決定にまかされることなく、直接法律によって規定せられ、また干渉せられていた、それを当事者自由の合意契約に一任する主義をとるに至ったことは明治法制の一大特色である。なお第三に、明治以前の法制においてはひとり封建法の適用を受けた武士の領地、扶持の類のみならず、一般平民の財産といえども公力によって制限せられるところが多かった。これを変更して財産の自由を確立し、絶対的な私有財産制度を作り上げたものもまた明治である。私はこれより以下、右のうち契約の自由および財産の自由について多少の詳説を試みようと思う。

三

万事を武士本位に考えた徳川時代の法制においては国家が物価、地代家賃、労銀などに対して干渉的の立法を試みることは決して珍しいことではなかった。

大火災、暴風雨など天災のあとにおいて材木商、大工その他の職人などが不当に物価ないし労銀を昂騰せしめることを禁止した幾多の法令あるはもちろん、天保一二年（西暦一八四一年）辛丑四月一〇日の町触のごときは、諸色値段之儀者元方相場を見合売買致し候得共、諸職人手間賃人足賃は、元方に不拘品なれども、地代店賃引上候に随ひ、商ひ品は勿論、諸職人手間賃人足賃に至迄引上候道理に有レ之候処、稀には御主意を相弁引下候向も有レ之哉に候得共、聊之儀にて総体之響にも不相成、右者畢竟地主共沽券高之歩合に当り候程之地代店賃取置候故、自然高直にも相成候間何によらず都而寛政度以前之振合に見合直段引下、職人手間賃人足賃之儀も地代店賃引下候上は、同様之振合に立戻り、早々引下候様可致、若心得違之もの有レ之、不二相用一においては、吟味之上急度可レ及二沙汰一候条町中不レ洩様可二相触一もの也

というように一般的に物価、地代、家賃、労銀などに向かって概括的な制限を試みた法令もあり、また古く明暦元年（西暦一六五五年）乙未八月二一日には「上職人」の労銀率を法律をもって公定し「従二其下一之職人」についてのみ「相対」の契約を許しているような例がある。

むろん、明暦三年を初め寛文一一年、天和二年、貞享元年、正徳元年などに、

一　大工木挽屋根葺石切左官畳屋此外諸職人会所を定、中ケ間一同之寄合いたし、手間料高直申合候に付而、最前其段相触候間、弥可得其意事

右惣別一味同心之寄合、何事によらず御法度の旨最前も相触候、若自今以後一同之申合仕候もの在之者可為曲事者也

というような労働者の賃銀率申合せを禁じた法令を出した例もあるけれども、これらはただ万事武士本位の政策から物価を引き下げようとして町人に極度の干渉を加えたものにすぎぬ。したがって当時、問屋、組合、仲間などの名義をもって商工業を独占していた排他的同業組合のごときも、これによる弊害はなはだしきに至れば、たちまちその全部を廃止して万事を自由競争にゆだね、もって物価の引下げを計るようなことをしているけれども(天保一二年、一三年)、その結果が事実はかばかしからず「諸品下直にも不相成、却而不融通之趣も相聞候」というようなことになれば、再び昔の問屋、組合の制度を再興するようなしだいであって(嘉永元年)、近代的意義における自由主義のおもかげはまだとうていこれを認めることができないのである。

四

ところが明治とともに万事はだんだんと自由の契約に放任されることになった。今まで法令をもって決められていたいろいろの事柄は漸次「相対」の契約をもって定められることになった。それでまず第一には諸地方の法定運賃率——それはきわめて低廉で従来各地方の百姓らをはなはだしく苦しめたものであった——を漸次に廃止した。しかし、この新主義を最も明瞭に宣言したものは明治五年八月二七日の太政官布告第二四〇号であって、その正文は左のとおりである。

地代店賃ノ儀従来東京府下ヲ始メ間々其制限ヲ立置候向モ有之哉ニ相聞候処以来ハ双方共相対ヲ以取極メ致貸借候儀可為勝手事

一　諸奉公人諸職人雇夫等給金雇料ノ儀是亦自今双方共相対ヲ以テ取極メ候儀勝手タルベシ尤諸職人等是迄得意或ハ出入場ト唱ヘ常ニ傭ハレ先キヲ極メ置候分雇主方ニテ他ノ職人雇入候節彼是故障筋申掛ノ者モ有之由向後右様心得違無之様可致事

右之通相達候条各府県ニ於テ管内無洩可触示事

この布告はいうまでもなく、その前段において地代、家賃に関する制限を撤廃し、後段においてはまた労銀に関する制限を廃止して全然これを当事者「相対」の「取極」に任せることにしたものであって、後段末尾は今日アメリカ、フランスなどにおいてしばしば論議されるopen shop, closed shopの問題と似た事項、すなわちある労働者がある雇主を自己の独占とし、他の労働者が自由競争をもってその雇主に雇われることを妨げようとする問題について、自由主義の立場からかかる独占は許すべからざるものとしてopen shop主義を宣明したものである。

なおこの布告を読むについて大いに注意すべき事柄が一つある。それは、従来の法令の労銀に対する干渉制限は――先に一言したとおり――労銀の最高率を決めて、その昂騰を妨げることを目的としたものであって、近来労働問題の勃興とともに、最低賃金率を法定することが要求せられ、また立法されているのと全く正反対の精神を有するものである。したがって今新たな布告をもって「給金雇料ノ儀是亦自今双方共相対ヲ以テ取極メ候儀勝手タルベシ」と定めたのは、従来の最高賃銀率を撤廃することによって「諸奉公人諸職人雇夫等」の利益を増進せんとする目的に出たのである。これはちょうどイギリスの産業革命以前における Edward III や Elizabeth の労働者条例（Statutes of Labourers）における労働賃銀への干渉は、その最高率を定めることによって雇主ないし社会全体の利益をはからんとする目的を有したるに反し、産業革命とともに起こった自由主義の思想はかかる制限を撤廃して、賃銀の決定を雇主、労働者間の自由契約に一任することを要求したのと同じであって、東西ことの経過にほぼ同じきもののあるをみるはきわめて興味ある事柄といわねばならぬ。

五

かくのごとく、明治の法制はすでにその初頭より契約自由の原則をもって始まっている。ところが、その後わが国には機械工業がだんだんと輸入されて産業革命が始まるとともに、内に無秩序な産業競争が起こり、外においてはまたわが国も列強と肩をくらべて世界的産業競争の渦中に投ぜねばならぬことになった。そうなると、せっかく万事を「相対」の契約にまかせて労働者の保護をはかった新制度も、たちまちにかえって彼らを禍いすることになった。資本の集積に伴って漸次に大資本家ができた。彼らは資力において優秀なるはもちろん、その手足として優れた知識と秩序立った組織とを有するがゆえに、これと個々の引き離された労働者との間における労銀の協定には、形式上自由契約ではあるものの、実質上決して自由ではなかった。無制限な自由契約、それは強者にとってのみの自由であって、弱者にとっては強制である。賃銀はもちろん労働時間その他の労働条件は全くただ資本家の任意にディクテートしうるところであって、その日その日のパンを得るに忙しい労働者、企業界ならびに労働市場の状況に通暁せざる労働者にとっては、ただかくしてディクテートせられた労働条件をそのまま受諾するのほかなんらの自由もない。

なるほど資本家のすべてが鬼であるわけがない。彼らの中の多数者は実は大いに温情主義者であるかもしれない。しかしながら、彼らといえどもまた自由競争の荒浪の中にもまれているのだ。資本をもって競争し、原料をもって競争し、さらに経営をもって品質をもって、激烈な、そうしてきわどい競争をやって強食弱肉のちまたに苦闘している彼らが、どうして「労働の低廉」をもってその武器としなかろう。彼らが企業者として競争場裡に生きんがためには、あらゆる利用しうべき武器の利用を怠ってはならぬ。そこで、彼らはみずから生きんがためになんらの遠慮会釈もなく労銀を切り下げてゆく。個々の企業者の温情も聡明もこの傾向をとどむべくなんらの効もないのである。ことに経済的帝国主義の思想によって讃美せられ奨励せられている対外的産業競争は、この意味における賃銀の切下げをさらにはなはだしからしめる。しかしながら一歩一歩向上の一路を踏みしめつつ進み来る労働者がどうしてかよくこの悲惨な運命を甘受することができよう。労働問題は自然ここに起こらざるをえないのである。

六

そこで、当然に出て来るべきものは労働者の団結である。個々の引き離された労働者が事実上資本家と対等の自由をもって契約をなしえざる以上、彼らは団結せねばならぬ。そうしてその力をもって資本家に対抗せねばならぬ。かくして当事者双方の実力が平均するとき、ここに初めて真に内容の充実した実質的の契約自由が行われるのである。このゆえに、従来は各労働者が独立して個々的に契約をなしたるに引きかえ、労働組合が直接資本家と協定して労働条件の最低限を定め、各個の労働者はその協定条件の範囲内において個々の契約を結ぶこととする労働協約（collective agre-ement, Tarifvertrag）の制度が是認されねばならぬ。また団結がそれほどまでにならずとも、同盟罷工その他労働争議の際団体交渉により代表者を通して集団的に労働条件を改定すること、また同盟罷工その他の労働戦術により直接資本家を圧迫して双方の勢力平均を作り、よって公正な労働条件を得ることなどは、この意味においてまたこれを是認せねばならぬ。これらはすべて自由主義をしてその本来の精神を発揮せしめ、当事者双方にとって真に自由な公正な契約条件を与えるにつき必要であるといわねばならぬ。

むろん、かくのごとき労働者側の事実的圧迫は、従来実力の優勢を利用して自由契約の利益を自己にのみ壟断しきたった資本家にとってはきわめて不愉快なことに違いない。したがって、彼らはあらゆる口実、術策を尽くして、かくのごとき事実的圧迫を弱めようとはかる。これ彼らが労働組合をきらい、同盟罷工その他の労働戦術を不法視すべく努力するゆえんである。しかし、これは畢竟自由主義の利益を自己にのみ独占せんとする彼らのわがままにすぎない。なぜならば、なんらの制限なき自由主義をして真にその精神を発揮せしめるがためには、当事者双方の間に完全な勢力の平均あることを前提とせねばならないからである。

七

ところが、かくのごとき有力な労働者の団結は実際上なかなか容易にできるものではない。現に今日わが国のごときとうてい資本家と対抗して自由の契約を締結しうるほど強力な団体は一つも存在しない。その結果これをこのままに放置すれば、契約自由の原則はひとり資本家にのみ利益を与えて労働者は事実なんらの自由をも有せず、いつまでも万事資本家のディクテートするところをそのまま受諾すべき運命を持続せねばならない。しかしながら、かくのごときことは決して正義でない。また少なくとも功利的見地よりみて賢明な政策ではない。なんとなれば、まず第一にかくしてむりやりに労働者を圧迫することは決して一時的にもまた永遠的にも産業的平和をもちきたすゆえんではないから。また第二にはかくして永く不良な条件のもとに労働者を酷使することは――あたかも利己的な掠奪的農業者が国家全体の宝である土地を単に自己一人の利益のために荒らしてしまうのと同じように――永く将来に向かって国民の健康を害し、その労働力を損することになるからである。

ここにおいて、国家干渉の必要が起こる。国家は自由競争によって起こる上記の惨害、不幸を救済し防止せんがために干渉を始めねばならぬ。労働立法の必要は実にここから起こるのである。むろん労働者の団結が十分に発達している国であれば、かくのごとき国家の干渉なしといえども、みずから自由の契約によって相当な労働条件を得ることができよう。けれどもそれのない国においては、労働立法をもって最低賃銀を定め、労働時間を制限するなどの必要が起こる。このゆえに、例えばイギリスにおいても労働組合の十分に発達した職業については、万事が組合・資本家間の労働協約に放任されていて特別の保護的立法はきわめて少ないけれども、まだ団結の力なき労働者については、特に法律をもって最低賃銀を決めるなど別段の保護方法が設けられている。

要するに、自由契約主義の弊害は、契約当事者双方の間に勢力の平均を作ることによってその主義の長所のみを発揮させるようにするか、または直接法律をもってその主義を制限するか、二者いずれかの方法によってのみこれを救いうるのであって、しかもその二方法は互いに密接な補充作用をなすものである。

しかるに、現在わが国の為政者は、一方において十分な労働立法の制定をちゅうちょしつつ、同時に労働組合の発達その他労働者の団体的行動を極力妨害しようと考えている。彼らはおそらく、わが国の労働者は力が弱い、したがって彼らのために特に立場を作ってやるような苦心をせずとも、自分らの政治的地位にはなんらの支障も起こらぬものとたかをくくっているのであろう。けれども一方において、極力団結を阻止しつつ、他方において立法的保護を怠ることは、畢竟契約自由の利益を強者たる資本家にのみ与えんとするものであって、明々白々たる不公平である、背理である。彼らみずからの尊重する自由主義の真精神にもとることきわめてはなはだしきものである。

われわれは今後、自由契約主義を維持しつつ労働者団結の発達によりこれと資本家との労働協約によって、職業的ないし地方的の自治立法が制定されるように仕向けてゆくがよいか、または自由主義をすてもしくは制限して国家的干渉を増進するように仕向けてゆくがよいか、それはわが国民の国民性にも関係し、また今後の政治的変動とも関連して決まる事柄であって、一概には断言しがたい。しかし少なくとも、一方において労働者の団結を阻止しつつ同時に労働者立法の制定をもしまいとする今日の政策が――少なくとも為政者ならびに資本家みずからの将来のために――きわめて危険なものであることは断言しうると考える。

八

私は次に財産自由の主義について述べなければならない。

元来、人の自由は財産の保障と密接な関係をもったものである。財産の保障がなければ真に人の自由を確保することはできない。ことに人民をして国家ないし君主の不当な圧迫より免れしめたるためには、彼の財産をして国家ないし君主のゆえなき抑圧より脱せしめねばならぬ。これフランス革命の際一七八九年の人権宣言第一七条が「所有権は不可侵かつ神聖なる権利なるがゆえになにびとといえども法律上確認せられたる公共的必要が明らかにこれを要求する場合にしてかつ正当なる補償の前払あるにあらざればこれを奪わるることなし」と定め、さらに一七九三年の人権宣言第一九条が「なにびとといえども法律上確認せられたる公共的必要の要求ありかつ正当なる補償の前払ある場合のほかその承諾あるにあらざれば財産の最小部分といえどもこれを奪わるることなし」と定めたゆえんである。旧制のもとにおいては一般人民の財産は幾多の苛重な封建的負担を受けたのみならず、王侯貴族の前に必ずしも絶対に安全なものではなかった。人民はしばしばなんら正当の理由なしに財産を奪われたのである。これ人権宣言が財産不可侵の原則を確立して自由保障の一手段としたゆえんである。

また経済的方面よりみても、各人の財産はなるべく各人をして自由にこれを利用し処分せしめるがいい、そうすれば各人はおのおの自己の最善のためにこれを利用するに違いない。そうしてよって生ずる結果の総和はまたおのずから最善のものとなって国家全体の利益となるであろう。なぜならば国家全体の富はすなわち各個国民の富の総和であり、そうして元来利己的な人間は自由な財産を有して自由にこれを利用しうる場合において最もよくこれを利用して最善の結果を取得するに違いないからである。この考えは第一八世紀の自由主義経済学の主張するところであって、これと上記の自由保障の考えとがおのずから結合して、ここに財産自由の原則を生み出し、「不可侵かつ神聖」な私有財産の制度を確立したのである。

けれども、実際上各人をして任意に各自の最善を追わしめることは、必ずしも社会全体のために最善を生み出すものでないことは、その後第一九世紀以来の社会的事実および学説の明らかに立証するところである。また財産の保障によって自由を確保せんとする企ては、それ自体たしかに正当な考え方であり、また事実上もたしかに成功したには違いないけれども、かくして自由を保障されるものは事実財産を有する者に限られねばならぬ。財産を有せざる者にとってはかくのごとき保障はなんらの価値もないのである。そうして一方財産を保障せられた者は――その保障の範囲内において――国家といえどもなお侵すべからざる自由の財産を有するがゆえに、対国家の問題においてもかなりの程度に自由を享有することが許される。財産を有する者はこれが利用ないし処分についてなんら国家の掣肘を受けざるのみならず、かえってその資力をもって国家を掣肘することができる。その結果、大資本家の前には全然頭の上らない国家さえ生まれ出るのであって、ことここに至れば財産自由の主義はすでにその真精神を失いたるものといわねばならない。すでにその主義本来の目的を超越して特にある種の者によってのみ不当に利用せられ濫用せられるに至ったものといわねばならない。

「物」は元来われわれ全体のために与えられたものだ。ある者のみが、単に自己の利益のためのみに全然他の一般人の利害を顧みずしてこれを専用することは許しがたいという考えは、この種の時代とともに必然に生まれねばならないものである。

九

わが国における一般人民の財産が明治とともにきわめて自由なものとなったことは大いに注目せねばならない事柄である。

明治以前にあっては、政府はしばしばゆえなく用達町人らの富豪に向かって巨額の「御用金」を申しつけた。また各種の犯罪についてしばしば附加刑として封禄ないし財産の全部または一部を没収した（改易ないし闕所）。その他私有財産は政府に対する関係においてとうてい十分な保護を受けていなかった。

しかるに明治政府はその初めより人民財産の保護に向かって大いに注意を払った。すなわち明治元年にはすでにしばしば布告を発して献金の強要を厳禁している。また明治三年正月二〇日には「刑法新律追テ被仰出候ヘ共差当リ財産没籍ノ法被為停度思食ニ付各地方官ニ於テモ御趣旨ヲ奉体可致旨御沙汰候事」なる布告をもって、従来の財産没収刑を廃止した。そうして明治五年二月一五日の布告をもって土地の永代売買が一般的に自由に許されることになってよりこのかたは、田畑のたぐいに至るまで名実ともに完全な私有財産と変わったのである。かくして私有財産は漸次完全に保護されてだんだんと国家の掣肘を脱することになったのであるが、ついに明治二二年憲法第二七条をもって所有権不可侵の原則が国憲の一部に加えられ、ここに絶対的私有財産制度の法律的基礎が確立されたのである。

かくして確立された財産自由の主義はたしかに国民の自由を保障する効能があった。またその結果、一般人民の利己心を刺戟して大いに企業の発展、農業の進歩などを促す効能があった。その功の大なるわれわれのとうていみだりに無視すべからざるはもとよりである。しかしながら、かくして自由の保障を受ける者はひとり有産者のみに限ることを忘れてはならない。また元来、財産自由の原則は国家に対する国民の自由を保障する手段として主張され確立されたものにすぎない。しかるにこの方法によって国家の抑制から解放された有産者はついにかえって国家を制御するに至るのである。

現在わが国の実状をみると、少数者による資本の独占はおのずから他面において多数の無産者を搾取するの結果を生ぜしめている。本来、社会全体の需要を満足せしむべく利用されねばならない「物」が、単に所有者の営利的目的のためにのみ利用されている。所有者はただ自己の営利をめやすとして「物」を使用する。したがって営利の見込みがなければ、一般人民の需要がいかにあろうとも、彼らはその「物」を利用しようとしない。しかのみならず、一般人士の所有物に対する考え方をみても、それは全く個人的であって、なんらの公共的考慮をも加えていない。これは自己の所有物である、いかに使用しようともいい、また使用せずとも、浪費しようとも、破壊しようとも、なんら差支えがない。わが国の一般人士は実にかくのごとく考えているのである。

一〇

その結果、官憲のごときも憲法第二七条が所有権の不可侵を宣言している真の精神を忘れてただ形式的にのみ所有権を保護することに専念している。それがため、物をいかに使用せば最もよく国民全体を満足せしむるをうべきかの問題を研究する者が、その方法として少しでも私有財産を制限するの必要あることを論ずるに至れば、たちまち、これを目して朝憲を紊乱し、国家の根本組織を破壊するものなりとする。

けれども、元来「日本臣民ハ其ノ所有権ヲ侵サルルコトナシ」という憲法の規定は、沿革上明らかに国家ないし政府の専恣に向かって人民を保護することを目的として制定されたものであって、その目的それ自体のみが「朝憲」なのである。しかるに、世人ややともすればこの精神を忘れて、私有財産を絶対のものと考え、これをいかに利用するかは全く所有者の自由なりとすることが憲法の精神なるがごとくに考えている。けれども、かくのごときは財産自由主義の濫用にすぎないのであって、毫も憲法の保護、保障するところではない。

二

これを要するに、明治の自由主義はその時代においてその本来の任務を果たした。本来の意義を存するかぎり、それは今日もなお大いに価値あるものなることもちろんであって、自由主義本来の真精神を今後に向かっていっそう発揮することはますます必要であろう。けれども、すべての主義、思想、制度は、やがて本来の精神以外に濫用されて、幾多の弊害を生じやすい。自由主義もまたその一例である。われわれはこの点を三思せねばならない。

今の為政者、権力者、指導者をもって任ずる人々は、ややともすれば、「わが国独特の精神」であるとか、「古来の淳風美俗」であるとかいうようなことを口にして、もっぱら現状を是認し、かつこれを維持しようと考える。けれども、今日彼らが「美」と感じ、「善」と考え、また「日本古来の良俗」なりと考えている事柄の多数が、実は明治新政の所作であり遺物であり、ないしはまたその濫用にすぎないことを考えねばならない。

みずから赤い空気の中に住みつつ万物を赤しと説いて得々たるものは笑われねばならない。生まれたままの眼を開いて現実を見よ。そうして将来を考えよ。新しい世界はすでにわれわれの前に開かれている。

三役人の頭

「法治主義」の研究は、現代の国家および法律を研究せんとする者にとって、きわめて大切である。私がそのことをいろいろと考えていた際、たまたま東京日日新聞社から何か書けという依頼を受けて、ふと筆をとったのがそもそも本稿の出来上った由来であって、内容は主として法治国と官僚主義との関係を取り扱ったものである。書いた時期は大正一一年の六月下旬である。

一

子供の時からのくせで新聞を読むことが変に好きです。外国にいたときなど、むろん語学のまずいためでもあるが、どうかすると半日ぐらい新聞読みに時を費やしたことがあります。かつて高等学校にいたとき、ドイツ語の教科書としてヒルティーという人の『幸福論』なる本を読まされたことがあります。その中に新聞を読んではいけない、ことに朝一番頭のいいときに新聞のような雑駁なかつ平易なものを読むと一日中の仕事欲を害する、ということが書いてありました。非常に感心して同室者一同――私の部屋には変に頑強な男がそろっていたのですが――と申し合わせて、なんでも半年ぐらい新聞の購読を中止したことがありました。それでも新聞を読むことの好きな私にはどうもがまんができないので、そっと図書館で読んでいるところを同室者にみつかってひどくおこられたことなどがありました。そんなことを思い出してみると、私の新聞好きもずいぶん古いものです。

今でも、毎朝たくさんの新聞を読みます。何がおもしろいのか知らないが、とにかくよく読みます。そうして読みながら種々のことを考えます。ところで、このごろの新聞を読んで、一番目につくのは何かというと、「殺人」、「情死」さては「大臣の待合会議」、「不正」、

「疑獄」というような不愉快な文字がたくさん目につくのはもちろんのことですが、「人民の役人に対する不平」を記した記事の多いことは特に私の注意をひきます。そのうちから、最近最も私の注意をひいた一記事を例にひいて「役人の頭」という一文を草してみたいと思います。例証として引用する事柄を一つだけ引き離してみると、きわめて些細なできごとのように思われます。しかし、よくよく考えてみると事はきわめて重大です。これを機会に私は「人民の役人に対する不平」ひいては「国民の国家に対する不平反抗」という問題を多少考えてみたいのです。

二

今から一〇日ほど前の某紙寄書欄に一新帰朝者の税関の役人に対する不平が載っていました。それによると、税関の役人がその人の所持品を検査した際、一絵画のリプロダクションを発見して没収したという事件です。没収の理由はよくわかりませんが、多分わいせつの図画で輸入禁制品だというにあったのでしょう。

外国帰りの旅客がわいせつないかがわしい春画類の密輸入を企てることは実際上かなり多い事実のようです。日本に帰れば相当の地位にもつき、また少なくとも「善良の家父」であるべき人々が平気でそういうことをやるという事実はわれわれしばしばこれを耳にします。風教警察の目からみて国家がその防遏に苦心するのは一応もっともなことです。

けれども、今の問題の場合はそれではありません。没収された絵は春画ではありません。わいせつ本でもありません。それはイタリア、フィレンツェの美術館に数多き名画の中でも特に名画といわれているボッチッチェリー（一四四四―一五一〇年）の「春」(Primavera) です。それは「春」の絵に違いありませんが、決して「春画」ではありません。税関吏もまさかそんなしゃれを考えたわけではないのでしょう。やたらにただわいせつだと思って没収したに違いありません。そこで私は議論を進める便宜のためここにその画の写真を載せることを許していただきたいと思います。読者諸君は一応これを御覧の上、私のいうことを聞いていただきたいのです。

三

美術の専門家でない私には不幸にしてこの画についての詳しい適切な説明を与えることができません。けれども、一人の素人美術好きとしての私がかつてあの静かなフィレンツェのアルノ川に沿うて建てられた美術館の三階で、初めてこの「春」を見たときの感じ――それはとうてい私のまずい言葉や筆で十分に言い表わすことができるものではありませんが——を一言にしていうならば、それはむしろ「神秘的」な「ノイラステーニッシュ」なさびしい感じのするものでした。

しかも、それはなんともいわれないふしぎな「力」をもったものでした。外国を遍歴中ずいぶんさまざまの絵を見ました。けれども、この絵の実物を初めて見たときの感じほど深く私の心にほりこまれているものはあまりたくさんありません。そのむしろ陰鬱な重苦しい、しかもどことなくなつかしみのあるやわらかい色合いを私は今なお忘れることができない。その現実離れをしていかにも神経をいら立たせるようなふしぎな形と線とは理屈なしに私を引きつけたのです。私は今でもなおあの時の第一印象をありありと思い起こすことができます。

むろん私ごときものがどう思おうと、またよしんば天下の美術鑑賞家がいかに名画だということに一致しようとも、国家の風俗警察という目から見ればそこに必ずや独特の見解があるには違いありません。名画だから必ず絶対に風俗を壊乱しないとは限らないでしょう。名画を鑑賞するだけの能力をもたない低級な人間にとってはことにそうでしょう。私一個の考えでは「真の名画は絶対に風俗を壊乱することはない」と自信していますが、その考えを今ここで一般人に押しつけようとは思いません。

しかし、今ここで問題になっているこの「春」を見て、もしもこれをわいせつだとか風俗を壊乱するとか思う人があるとすれば、私といえどもまたその人の眼と頭とを疑わずにはいられません。この画は誰が見てもむしろさびしい感じのする画です。またかりに全く絵画に趣味のない人が見たとすればなんだか変てこな画だと思うだけのことでしょう。しかしもしも、これを見てわいせつだと思ったり、多少なり劣情を感ずる人があるとすれば、それはよほど低級なアブノーマルな人間に違いありません。したがってあの記事にあったように、もしも税関の役人が旅客の十分な説明にもかかわらず、なおこれを理解しないでむりむたいに没収してしまったのならば、彼はよほど下等な変態的な趣味と性欲との持ち主であったか、または特に何か悪意をもってしたことだと私は断定したいのです。

読者諸君はこの事件をもって一小下級官吏によってなされた些事なりとしてこれを軽々に付してはなりません。彼は一小下級官吏に違いありません。しかしこの具体的の事件について「国家」を代表したのは彼その人です。その以外の何者でもありません。外国から帰ってくる幾多の旅客がまず最初に接する「日本国」はすなわち彼です。そうしてその彼が旅客の携帯する「名画」のわいせつと否とを判断してその輸入の許否を決するのだと思えば、どうしてこの事件を一小事として軽視することができましょう。相手は「彼」一個人ではないのです。「国家」そのものです。この当該事件については「彼」の目、「彼」の頭がすなわち

「国家」の目であり頭です。「役人の頭」を問題にしないで何としましょう。

四

「役人の頭」だからといってわれわれ人民の頭とたいして違うわけはありません。だいたい同じような境遇に育ち、同じような教育を受け、同じようなものを食って生きている以上、「役人の頭」だけが特別なわけはない。彼らもわれわれと同じように、美しきを見ては美しと思い、悲しきを聞いては悲しと思うに違いありません。

現在のいわゆる「法治国」においては役人はだいたい「法律」でしばられている。したがって、あまりわがままのきかぬようにはできあがっている。しかし、それでもまだかなりひろい範囲において自由裁量の権限を与えられています。すなわち役人は常に必ずしも「法律」という既定の標準のみによって事を裁断する必要なく、いつでもある程度においては自己の意見を加えて、自由の裁断をなしうるようにできています。しかも、その役人の自由裁量によって、われわれ人民は貴重な財産、自由、名誉、生命などまでをも奪われるようにできているのです。「法治国」とはいうものの実は恐ろしい話である。それにもかかわらず、われわれ人民が比較的驚かずに安心して生きているのは、彼ら「役人の頭」もだいたいわれわれ

われわれが美しいと思うものは彼らも美しいと見てくれるであろう、われわれが悲しいと思うものは彼らもまた悲しいと聞いてくれるであろう、とこう思えばこそである。われわれは役人もまたわれわれとだいたい同じような心意作用をもつであろうという信頼のもとに、とにかく安心して生きているのである。

「役人」はわれわれ人民にくらべて特別に上等だとか、特別に国に忠義だとかいうように考えて、彼らに信頼しているのではない。もしも、そんな特別なものであって、われわれ普通の人民とは全然別個の世界に住んでいるものだとすれば、われわれは「役人心理学」とでもいうような特別な講義をきいた上でないと、安心してこの世に生きながらえることができないわけです。しかるに幸いにも、われわれ人民が特にかかる講義をきく必要もなく、また特に法律の知識がなくとも、だいたい良心と常識とに従って行動していさえすれば、まずまず「役人」にしかられずにすむのは、役人もまたわれわれと同じ人間だからです。

このことはあらためてことごとしくいうまでもないきわめて当然な事柄である、と私は考えます。しかるに実際において、われわれがときどき耳目にする役人の行動はややともすれば私のこの信念を裏切ろうとします。そうしてそのたびごとに、私は「役人の頭」を疑わざるをえなくなるのです。なんとなく自分らもあの役人のもとで安心しているわけにはいかぬ、役人のほうでどうにかなってもらうか、ないしはああいう「頭」の役人がいなくなるような仕組みをつくらなければ安心していられないような気がするのです。

私のような比較的「役人」に近い学問を専門とし、「役人養成所」だと世間から悪口をいわれている帝国大学の法学部に職を奉じ、役人にたくさんの知己をもっている者ですら、とかくそう思われてならないのである。してみれば、世間普通の人々の目には現在の「役人の頭」がもっとよほど変に映っているのではあるまいか。そうして彼らのうちの多数者たる利口者は、「役人」はああいうもの、「国家」はこういうものと大きくあきらめて、長いものには巻かれるほかないと考え、また彼らのうちの皮肉屋は、冷眼をもって「役人」と「国家」とをながめて、これに嘲罵と皮肉とをあびせ、なおまた彼らのうち勇気ある反逆者たちは、かくのごとき「役人」とこれによって代表される「国家」に向かって、いむべきのろいの声をあげているのではあるまいか。私にはどうしてもそう思われてならないのです。

五

「役人」はよく「近頃の若い者は国家心がうすくて困る」という。しかし、私は事実なかなかそうではない、今日の若い者の大多数は今日なおかなり熱心な国家主義者だと思う。がもしも、今の若者に多少なりとも、国家をきらうふうがあるとすれば、その最も大きな責任者は「国家」を代表する「役人」であるように思われてならない。

役人や長老たちはややともすれば、若者のこの傾向をもって「外来思想」の結果なりとする。なるほどそれも多少あろう。けれども、「外来思想」はただ彼らを目ざめしめただけのことである。目がさめて目を開いて彼らが見たところの「国家」さえ事実において善美を尽くしていたならば、彼らの目ざめはむしろ慶すべきことでこそあれ、なんら恐るるに足りないのです。しかるに、目ざめた彼らが、事実多少なりとも国家に向かって不満をいだくとすれば、それは「国家」すなわち国家を代表する「役人」の罪である。「国家」をしてかくのごときものとみえしめている「役人」の罪である。

役人も個人としてみれば——多少の例外を除くほか——すべて普通の人間です。立派な同胞であり、親であり、夫であり、子であります。ところが、それがひとたび「国家」を代表して外に対するときは突如として一変します。その際の「彼」は単なる「役人」であって、その本来の「個人」とは全く縁のないものになるのです。そうして従来の官吏道徳においては役人がかくのごとくになればなるほど、「公平無私」だとか、「忠誠恪勤」だとかいってそれを賞めるようです。しかし、いったい事はそれでいいのでしょうか？　私は心からそれを疑うのです。

むろん役人はみだりに私情をはさんで不公平やわがままをしてはなりません。なぜならば、彼らはそういう目的のために役人の地位を与えられているのではありませんから。けれども、さらばといって、彼らが「国家」を代表する際には、全く人情も忘れ人間味を離れて、いわゆる「公平無私」の化身になりさえすればいいかというに、否、決してそうではない。彼らによって代表される「国家」もわれわれ人間の世界に出てきていろいろなことをする。われわれはいやでも「国家」とつきあわねばならない。それならば、「国家」もまたごくつきあいやすい普通の人間のごときものでなければ、とうていよく普通の人民と調和して社会生活を営んでゆくことのできるわけはありません。そうして「国家」をしてかくのごときものたらしめるものはただ一つこれを代表する「役人」あるのみであることを考えると、役人もまた決して形式的な「公平無私」の化身になっていさえすればいいというような簡単なものではない。彼らは「国家」をして普通の人間のごとく、道徳的なかつ親しみやすいつきあいいいものたらしめねばならぬ、きわめて困難な地位にあるのです。

ところが役人はとかく、うち人民に向かって形式的な法規をふりまわすのみならず、そと他国に対してもへりくつを並べたがります。そうしてそのたびごとに国家の信用を内外に向かって失墜しつつあります。

六

私の考えでは、従来の法律家は――否、普通一般の人々も――法律の領分を不当にひろく考えすぎているように思います。私は、国民一般の心意としても、また役人の心掛けとしても、「法律の世界」はわれわれの日常生活とは離れた別個の世界だ、と考えているほうがいいのだと思います。われわれは日常「人間の世界」に住んでいる。その世界では「良心」と「常識」とに従って行動していさえすればいいのであって、また普通の人にとってはそれだけで差支えないことになっていなければ困るのです。なるほど、人が集まって社会生活を営む以上、必ずやなんらかの形式において、国家を形成せねばならないが、国家がある以上はまた必ず法律がなければならない。なぜならば、各人の「良心」と「常識」とにのみ信頼して団体生活を営むことは事実とうてい不可能であるから。

それで「法律」は多くの場合、幸いにも「良心」と「常識」とに適合するようにできているから、われわれが日常生活において「良心」と「常識」とに従って行動していることは同時に「法律」に従っていることになる。そうしてそれがまず通常の場合であるために、ややともすれば「人間はすべて――みずからは『法律』を知らぬために気がつかないけれども、実は――『法律』によって日常生活を行動しているものと解すべきだ」というような考えが生まれるのです。けれども私をしていわしめるならば、その場合でも、人間はただ「良心」と「常識」とに従って行動しているのであって、「法律」によって行動しているのではない。ただ事件が裁判所その他国家のお役所に行ったときに初めて「国家の尺度」すなわち「法律」によって価値判断を受けるだけのことだ、と説明したいのです。例えば、われわれが他人から金を借りたとしても、民法になんと書いてあり刑法になんと書いてあるから、返すのではありません。われわれはただ常識上借りたものは返すべきだと考え、返さなければなんとなく気がとがめるだけのことです。これを一々法律がああ命じているからやっていると考えるのは、普通人の決してなさざるところであり、なすべからざるところである。

もしも、われわれが日常生活において一々法律のことを考えねばならぬとすれば、きわめてこっけいなことになる。第一たいがいのことをするのに必ず証拠をとっておかなければならない。例えば、ささいな買物にも一々請取りをとり、友人間のわずかな貸借にも証文を要求し、はなはだしきに至ると日常の書信も一々内容証明郵便配達証明附きで出さねばならぬようなことになります。しかし、もしも誰か実際にそんなことをやる人があれば、たちまち世の中から排斥されるに決まっています。変な奴だとか、勘定高い奴だとか、つきあいにくい男だとか、いってつまはじきされるに違いありません。ところが、法律家の中にはともすればそういうことを考えている人があります。

法治国の人民といえども、「常識」と「良心」とに従って行動していさえすればいいのです。またそうなくては困ります。法治国民はいざ裁判所なりお役所なりに出た場合に、法律を知らなかったといって抗弁することは許されない。すなわちひとたび「法律の世界」に入った場合には、法律という尺度によって価値判断を受けることをあらかじめ覚悟していなければならない。しかし、それは決して平素「人間の世界」の活動をするに際しても法律をそらんじ、これに従って行動せねばならぬという理由にはなりません。法を知らざることそれ自体は決して不徳ではない。徳と不徳とは常に道徳によって定まるのである。むろん、国家といい、法律といっても、人間が団体生活をなすについての必要品である。いやしくも団体生活をなす以上、とにかくそのおかげをこうむっているものとみねばならぬ。したがって常識上誰しも知っていてしかるべき法律を知らずにおりながら、ひとたびその適用を受けると、不平を唱えるというがごとき得手勝手は道徳上もまたこれを許しがたい。しかしさらばといって、法の不知は当然道徳上非難さるべきことのように考えるのは非常な誤謬であると、私は考えます。

七

しかし私が以上の説をなすのは、決して読者に向かって「法の不知」を奨励しているのではありません。諸君も国をなしている以上、法律を知るほうがいいのです。なぜならば、諸君がみずから正しいと思っている自己の「常識」と「良心」とが、客観的には正しくないこともありうるし、またたとえそれが正しくても不幸にして法律の命ずるところには違背していることもありうるのですから。しかもそれにもかかわらず、私は諸君に向かって「諸君は法律は知らずともいい、しかし常識と良心とに従って行動せねばならぬ」ということを高唱したいのです。そうしてそれは現在のわが国にとって最も必要な考え方だと私は信ずるのです。

われわれが日常生活を営むにあたっては、「良心」と「常識」とのみを標準としていさえすればいい。法律のことは「法律の世界」に入ったときに考えさえすればいい。日常生活に法律は禁物である。もしそうでなくて、われわれの行動が常に必ず法律を標準としてなされねばならぬものだと仮定すれば、われわれ普通の人間は、多くの場合、行動の標準の知りがたきに苦しまねばならぬ。またともすれば、法律に従って行動していさえすれば、他の点はどうあろうとも、「国民」として正しく行動しているものとみるべきだというような謬見をよびおこし、もしくは「その場の議論に勝ちさえすればいい」とか、「免れて恥なし」というような気風を醸成するおそれがあります。イギリスの諺に「よき法律家はあしき隣人なり」という言葉があるそうです。日本でも、なまはんか法律を学んだ都帰りの法律書生は農村の平和攪乱者です。法律を知っている者はとかく法律をふりまわしたくなる。「常識」と「良心」とに従って行動することを忘れて、法律を生活の標準にしようとします。その結果、彼はついに「あしき隣人」となるのです。それゆえに私は国民に向かって「法律を知れ」とすすめる前に、むしろその「良心」と「常識」とを正しきものたらしめよと説きたいのです。

ところが、私らのような法律を扱うのをもって職業とする者、その他大臣以下諸役人、議員、裁判官、弁護士らは平素あまりに法律に近づきすぎる。その結果ややもすれば、法律をもって百般を律しやすい。「常識」と「良心」とによって、これを判断することを忘れやすい。私は近時の議会その他政治界をみてことにその感を深くするのです。

私はこの際世人一般はもとより、法律家ことに役人は、かのキリストのいった「カエサルのものはカエサルに返せ、神のものは神に返すべし」という言葉を深く味わわねばならぬと思います。

八

普通の人間が「法律の世界」に入ってみても別にたいして驚かない、「人間の世界」におけるとだいたい同じように事が運んでいる、ということになっていなければ、法律と国家の威信はとうていこれを保ちがたい。法律と社会との間に溝渠ができることは国家の最も憂えるところでなければならない。かくのごときは国家の不徳です。国家は全力を尽くしてその救治をはからねばなりません。

古来、暴君はしばしばその救治策として「道徳」を命令してみました。そうして人民をして暴君みずからの欲する法に近づかしめようとはかりました。現在わが国の政治家、ことに警察ないし司法に関係している役人の中には、今日なお同じような思想をいだき、法をもって「淳風美俗」をおこそうと考えているものが少なくないようです。しかし、この策が古来一度も成功しなかったこと、ことに近世に至っては全く失敗に終っていることは歴史上きわめて顕著な事実です。

そこで、近世的国家はこれと全く正反対な方策を考えはじめました。すなわち人民をして「法律」――暴君の命令――に近づかしめる代りに、国家みずからが進んで「人間」に近づくことを考えました。その考えが制度になって現われたものが、議会政治であり陪審制度であり、またなにびとといえどもすべていかなる役人にもなりうるという今日の制度です。また法律の上でも、例えば民法第九〇条の「公ノ秩序又ハ善良ノ風俗ニ反スル事項ヲ目的トスル法律行為ハ無効トス」というような規定は全く右と同じ考えの現われたものであって、学者はこれを総称してデモクラシーといいます。以下私はこれらのうち当面の問題に最も関係の深い「なにびとといえどもすべていかなる役人にもなりうる」という制度のことを考えてみたいと思います。

昔は「人民」と「役人」とは全く別の世界に住んでいました。したがって役人の世界すなわち「法律の世界」と「人間の世界」との間に大きな距離のあることは当然でした。それでも当時の人間は仕方のないものとあきらめていたのです。ところが近世になると、もはや人間はそれに満足することができなくなって、「役人の世界」と「人民の世界」との接近を要求しはじめました。しかし、それがために発明された制度がすなわち「なにびとといえどもすべていかなる役人にもなりうる」という今日の制度です。この制度の眼目は、「人間の世界」から人をつれてきてかりにこれをして「役人」の地位につかしめ、これによって「役人」したがってこれによって代表せられる「国家」の考え方をしてだいたい普通の人間のそれと同一ならしめんとするにあります。これによって従来は「役人」という全く別の世界の人間によってつかさどられていた仕事がともかくも「人間の世界」から出た役人によって取り扱われるようになり、その結果、人間は大いに安心することができるようになったのです。元来、法治国はあらかじめ作っておいた法律すなわち尺度によって万事をきりもりしようという制度です。そうして近世の人間は公平と自由との保障を得んがために憲法によってその制度の保障されることを要求したのです。ところが人間というものはきわめてわがままかってなもので、一方には尺度を要求しながら、他方においてはその尺度が相当に伸縮する、いわば杓子定規におちいらないようなものであることを希望しておるのです。それは明らかに矛盾した要求です。しかし事実だから仕方がありません。国家はなんとかしてこれを満足させねばなりません。そうして政治の実際において、その矛盾した要求を適当に満足させているものは、すなわち「役人」である。

万事をあらかじめ法律で決めておくことは事実上とうてい不可能なことであるのみならず、生きものである人間は決してかくのごときことを好まない。そこで、一方においては法律をもって大綱を決めつつ同時に他方においてはその具体的の活用をすべて――人民と同じ世界の人間であるところの――「役人」に一任して、公平と自由とを保障しつつ、しかも同時にある程度に動きのとれるようにすることを考えたのが、すなわち今日の法治主義です。したがって法治主義のもとにおいて最も大切なことは、むろん一方においては法律をして真に「人間の世界」の要求に適合せしめることであるが、他方においては「役人」もまた普通の人間と全く同じものの考え方をするということです。それでこそ人民は安んじて国家に信頼することができるのであって、「役人」を「人間の世界」から採用する今日の制度の妙用は実にこの点にあるのです。

九

法治主義のもとにおける最小限度の要件は「役人」がわれわれとだいたい同じような考え方をしてくれるということです。「役人」もわれわれと同じように、美しきを見ては美しいと思い、悲しきを聞いては悲しいと泣いてくれてこそ、われわれも安心できるのである。ところが現在の実際はともすれば、この理想を離れがちになります。それははたしてなぜでしょうか？　私はそれを解して、せっかく「人間の世界」から借りてきた「役人」が、その昔「役人の世界」に住んでいた代りに、今度はまた新たに「法律の世界」という新しい別世界に住みたがるためだといいたいのです。すなわち、せっかく骨を折って作り上げたデモクラシーが精神を失って再び官僚主義におちいらんとしているためだといいたいのです。

せっかく役人を「人間の世界」から借りてくることを発明して、人間と法律との親しみを作ろうと考えた。ところが、その役人がひとたび「法律の世界」に入ると、「人間の世界」と違った考え方をするようになる。むろん、その昔、役人が「人間の世界」とは全く離れた「役人の世界」に住んでいたころには、その全生活が公私ともにすべて「人間の世界」のそれとはかけ離れたものでありました。これに反して、今の役人は「法律の世界」に入ったときだけ特別な考え方をする。そうして一時「人間の世界」から離れる。または少なくとも離れねばならぬもののように考える。これははたしてなにゆえであろうか。

その原因はいろいろあります。しかし、そのうち最も大きい原因は、すべていかなるできごとでもそれが役人の目に触れるときにはすでに「法律の世界」のことに化していることにあるのだと思います。元来は人間の世界に起こった事柄でも、それが役人の目に触れるのはいよいよ役所の門をくぐってからである。したがって役人がひとたび役所の門をくぐると、「法律の世界」のこと以外なにものにも接しなくなる。そこで「人間の世界」にあっては、よき夫であり、よき友であり、よき市民である人も、ひとたび役人として行動することになると、ともすれば「法律の世界」に特有な考え方のみをするようになるのです。そうして役人は公私を混淆してはならぬとか、公平無私でなければならぬとかいうような言葉の形式のみにとらわれて、根本はどこまでも「人間」らしくなければならぬ、ただその上さらに、いっそう公平無私となり、公私を混淆せざることにならねばならぬ、という根本義を忘れがちになります。

ことに、法治主義のもとにおける役人は法律によってかなりの程度に裁量の自由を制限されています。したがってうっかり融通をきかせた処分をやってしかられるよりは、まずまず法律の命ずるところを形式的に順奉していさえすれば間違いがない。そのほうが得である。第一、骨が折れなくていい。役人が一度こう考えたが最後、彼はただ法律を形式的に順奉することだけを心がけるようになり、法律の目的や役人の職分を忘れるようになる。ここで立派な官僚が出来上るのです。

元来、法治主義はあらかじめ法律を決めておいて役人の専恣を妨げ、これによって人民の自由を確保する目的でできた制度である。しかるに、その法律がかえって役人の官僚的な形式的な行動に対する口実となってしまう。かくのごときは決して法治主義本来の目的ではなかったのです。しかし一方において役人を法律によってしばれば——ことにしばりすぎれば——その当然の結果として役人の行動が形式化しやすいのは当然です。なぜならば、自由のないところに責任は生まれないから。換言すれば、法治国はきわめて官僚主義におちいりやすい素質をもったものだといいうるのです。ただその素質、傾向をしてあまりはなはだしきに至らしめない唯一のよりどころは役人の心がけです。これ私が「役人の頭」のみが今日の国家制度を生かしてゆく唯一の頼りだというゆえんであります。

一〇

次にまた役人は大なる権力の持ち主です。「人間の世界」は別として、ひとたび「法律の世界」に入ったが最後、その世界に通用するだけの是非善悪は、ともかくも、すべて役人によって認定されることになっています。むろん役人といえども法律によって大いに束縛されている。また下級の役人の判断は上級の役人によって監督され批評される仕組みにできている。けれども、訴訟手続がめんどうにできているとか、また証拠をあげることが困難であるとか、その他種々の理由によって、たとえ役人のあやまった不当な判断によって権利利益を害された者でも、事実上、上級の役人に訴えてその批判を受けることが困難になっています。このことは現在の行政庁系統の役人によって権利を害された場合につき最も多くみる例であって被害者は結局泣き寝入りになるのほかない。したがって役人は法律によってしばられているものの、国民に対する関係においては、法律上ないしは事実上なお大きな「専断力」をもっているのです。しかし、役人にかかる専断力を与えるのは制度の必要上やむなきに出た事柄であって、いささかたりとも役人がその専断力を濫用することは事物本来の性質上断じて許すべからざるところなのです。しかるに役人はややともすれば、事をビジネスライクに運ぶため、またはその威儀を保つために、専断力を濫用します。それはきわめて恐るべきことです。いったい法律上または事実上、専断力、モノポリーの力をもっている者は大いに慎まねばなりません。なぜならば、常に必ず多少のむりがきくからです。けれども、それはその者にとって最も危ないことなのです。ところが役人はややともすれば、それをやりがちなものであって、その結果、国家までをも国民憎悪の的たらしめるに至るのです。

国家は法律の府です。けれどもまた同時に、われわれ「人間の世界」にきたってともに事をします。したがって、その国家はわれわれ普通の人間にとって親しみやすい交際しやすいものでなければなりません。普通の人間が相互の交際において法律をふりまわせば必ずつまはじきをされる。なぜならば、その人は他人にとってきわめて交際しにくいからです。しかるに、役人が法律を盾にとって自己の不穏当な行為をかばうようなことがあれば、それはすなわち彼によって代表された国家みずからが法律をふりまわしたことになります。彼が国民によってつきあいにくい奴だと思われるのはきわめて当然のことだといわねばなりません。

役人は法律によってしばられたきわめて仕事のしにくい気の毒な地位にあるのです。ですから役人が法律を適用して本来「良心」と「常識」とに従って行動した人々をして法に触れることなからしめる苦心に向かっては大いに敬意を表します。しかし、さらばといって、自己の不当処置をかばう盾として法律を使うことは絶対に許されない。なぜならば、かくのごときは実に国家をしてつきあいにくい奴たらしめるゆえんだからである。

国家もまた普通の人間と同じように「良心」と「常識」とに従って行動しなければならぬ。しからざれば必ずやその威信を失墜します。国民は彼を信じなくなり、愛しなくなります。そうして国家をしてかかる行動をなさしめるものはただ一つ「役人の頭」あるのみである。役人はその役人たる地位にあるときも普通の人間のごとく考えねばならぬ。かくしてこそ国民は彼とともに喜び、彼とともに泣くのである。ここにおいて私は、『大学』の中にある「天子より庶民に至るまですべて身を治むるをもって本となす」という言葉の意味深遠なるを思わざるをえないのです。

二

以上の私の議論に対しては必ずや次のような非難がありうると思います。私の議論は全く国家の指導的職能を忘れていはしないかという疑問がすなわちそれです。しかし私はその点を忘れてはいない、否、大いに考えているのです。

私といえども国家に指導的職能あることを認めます。そして国家がその種の職能を最も明瞭にかつ大仕掛けに実現した事例は実にわが国の明治時代だと思います。幕末に至るまで永く東海の孤島に孤独平安の夢をみながら眠っていたわが国は明治維新とともに目ざめました。目ざめてみると、われわれの外部にはわれわれがまだ一度も見たことのない物質的ないし精神的の偉大な文化の花園がひろく美しく咲きほこっているのに気がつきました。世界の舞台に乗り出さねばならぬ、乗り出すにはまず彼らと同じ程度の文化に到達せねばならぬ。

こう考えたわれわれの父祖はまっしぐらに西欧文明の跡を追って走り出したのです。しかし、そう考えてみると、国民一般はまだ十分に目がさめていない。先覚者はまず彼らの目をさまさなければならぬ。目をさました上で、さらに彼らを導かねばならぬ。そうして当時この先覚者の役目を尽くした者は――福沢先生のごとき偉大な民間の指導者もあったことはむろんであるが――主として役人であった。先覚者たる役人は、あるいは国内に大学を建てたり、あるいは秀才を外国に送ったりして、人才の養成に力を致しました。西欧文化の吸収に努力したのです。素質のあったわが国民は実によく吸収しました。その結果、わずか四、五十年の間にわれわれは実によく――少なくとも形式だけでも――欧米の文化に近づくことができたのです。そうして国民をしてここに至らしめた最も大なる功労者はいうまでもなく明治の役人です。

明治五〇年の間役人は陣頭に立って国民を「西欧文明」に向かって突進せしめました。国民もまた実によくその指揮に従って突進しました。しかしながら兵家はよく「兵をして突進せしむるものは指揮者の信念と決心とである」といいます。明治が終って大正に入ったころ、われわれは形式だけはとにかく欧米の文化に追いつくことができた。そうしてわれわれは多少安心をしました。ところが夢中で突進してきた者にとっては、その安心は実に恐るべき安心でした。その結果、指揮者の決心もにぶり、国民もまた多少疲労をおぼえるに至ったのです。ことに役人が今までもっぱら目標として国民を導いてきた西欧の文化は、今や行きづまりを示して新たに向かうべき天地を求めています。今まで深く考えずに、ただ西欧文化を追うて走った独自力にとぼしい役人は、たちまち行きづまりました。

「さてわれわれはこれから何を目標として進もうか？」そのとき国民は役人に向かっていいました。「さてわれわれはどこへ行けばいいのですか？　あなたはわれわれをどこへつれてゆくつもりですか？」と。しかし役人は十分この問いに答えることができませんでした。その答えをきいた国民が疑いはじめたのは当然です。不安を感じた彼らは、あたかも成年に達したか達せぬかの子供が突然その父母を失ったと同じように、これからは自分の進むべき道を自分でさがさねばならないのだと考えはじめました。しかし、今まで盲目的に導かれて走ってきた者が、突然指導者を失って急に目をあけてみても、さて自らどちらへ行っていいのかを判断することはきわめて困難です。それはちょうど戦地において敵の軍使を迎える際にまず布をもって彼の目をおおうた上、車をもってある距離を走らしめ、しかる後はじめてその布を除く、かくして目かくしを除かれた軍使には、とうてい敵陣の様子を十分知ることができないのと同じことです。また現在、自己がどこに立っているかを知らぬ者にとっては、いかに詳細な地図もなんらの効能もないのと同じことです。国民はおのおの自己のよしと思うところをたずねて動きはじめました。ある者は古きをたずね、ある者は新しきを追うて。そうしてそのうちきわめてわずかな者だけがみずから考えはじめました。これを称して人は「民心の混乱」というのです。

まだ明治の夢をみている役人と伝統主義者とは驚きました。

「民心統一」せざるべからずと考えたのです。しかし、彼らが従来人民を導きえたのは西欧文化という他人からもらった目標をもっていたからです。ただそれだけを目標として別に深く考えることなしに指揮的態度をつづけてきたのです。ところが今、ようやく追いつきかけたと思うところに欧米はもはや新しい別な方向に向かって進もうとしている。否、すでに進みはじめました。ここにおいて役人と伝統主義者とはもはや彼を追うことはできないということに気がついた。けれども、しからばみずからに独自な別個の目標ありやというに、むろんそれはない。

彼らは従来、あまりに修養を怠りすぎたのです。「自分ははたしてどっちへ行ったらいいのだろう？」彼らはこう疑いはじめたのです。独自力のない彼らはそのとき考えました。欧米もはや追うべからずとせば、わが国みずからの古きに返るよりほか仕方がない。こう考えた彼らは、たちまち復古主義者となって、五〇年来深いお世話になった、そうしてみずから神のごとくにあがめていた、欧米の文化をたちまち弊履のごとくなげうって口汚くののしりはじめました。

そうして外来思想を非難し、魂の抜けた「えせ武士道」を鼓吹し、はなはだしきに至っては物質文化まで排斥し、精鋭な新武器をすてて再びさび刀をかつぎだすようなことを唱えはじめたのです。彼らの「民心統一」といい、「民力涵養」といい、「淳風美俗」というものがすなわちそれです。しかし、彼らの「復古」はただ昔の「さび刀」をたち切った上新たにこれによって新武器をきたえあげたのではありません。それがためには彼らはあまりに独自力が足りないのです。

二

明治の役人は人民の指導者でした。彼らは先覚者でした。彼らは知識において一般国民よりもすぐれていたのはもちろん、道徳的にもまた国民の儀表たるべきものとしてみずからも任じ人もまたこれを許していたのである。少なくとも彼らはかくあるべきものとして一般に要求されていたのである。しかし当時のわが国はもっぱら西欧文明のあとを追うことにのみ忙しかったのであるから、多少なりとも普通人以上に欧米の事情に通じ、その文化を理解することのできた者は、先覚者として役人として人民を指導することができたのです。

ところが、その役人が今日ではもはやひたすら西欧文明を追ってさえおればいいということではなくなりました。ことに最近、欧州文化の行きづまりとその新たな転向とは、わが国の伝統主義者をして従来のごとくひたすら彼を追うことの危険なるを感ぜしめました。今まで、彼が楽園だと思ってめざしていたものが、たちまち地獄にみえだしたのです。ここにおいて、彼らは急にわが国にはわが国独特の目標がなければならぬということを高調するに至りましたけれども、元来単なる模倣者、輸入者たるにすぎざりし彼らには遺憾ながら創造力がとぼしい。独自性が足りなかった。それがため、彼らはそのみずから高調するわが国独特の目標を自力をもって創造することができないで、再び「伝家のさび刀」をかつぎだしました。そうしてそれに「淳風美俗」とか「剛健質実」とかいう名をつけて、これこそは国民を指導すべきわが国独特の目標であると唱えはじめたのです。そうして、彼らが明治において行った指導的職能を今日もなお保持し実行せんとしています。なるほど、彼らの主張する「淳風美俗」も「剛健質実」も、それ自体たしかにいいことに違いありません。しかしながら、この刀は彼らみずからがあまりに長くこれをしまっておいたために、お気の毒ながらさびています。また彼らがその刀をしまっておいた間に、世の中はもう遠く刀の時代を去って、一六インチ砲や飛行機の時代となりました。もしも、彼らの刀がさびていない精神のこもったものであるならば、あるいはこれをもって一六インチ砲と戦うことができるかもしれません。しかし、彼らのそれはさびています。彼らは今や、むしろさび刀をたち切って、これを精鋭な新武器にきたえなおすべきです。ところが彼らには、それを実行するだけの創造力がない。いたずらにさび刀をふりまわして、大声人を恫喝する以外、なにごとをもなすことができないのです。

いったい人を導く者は導くだけの力がなければならぬに決まっています。たとえ、今までは導いてきた者でも、ひとたびその力を失ったならば、いさぎよくその地位をひくか、または少なくともその指導的態度を放棄すべきです。その力を失ったにもかかわらず、依然としてその指導的態度をあらためない者は、もしみずからその力を失いたることを知るにおいては「悪」であり、もしまた知らざるにおいては「愚」である。導かれる者の迷惑これよりもはなはだしきはないのである。今やわが国の人々は、物質方面においても知識的方面においても、もはや役人の指導を要しなくなった。いわんや道徳的方面においてはそうである。しかるに従来、これらの諸点において指導的地位にあったところの役人は、今もなおかくあるべきもの、またありうるものと考えています。そうしてみずからの力の足らざるを顧みようとはしません。「悪」にあらずんば「愚」なりというのほか評すべき言葉がありません。明治の間役人が各方面ともに指導的態度を保持することができたのは、全く当時の例外的の事情にもとづくのであります。一方においては官民こぞって西欧文明の追随に腐心した時代であること、他方においては役人が一般に西欧文明についての先覚者であったこと、それが彼らをして指導的地位に立つことをえしめ、またはこれを余儀なくせしめたのです。ところが大正の今日は、全く事情が変わりました。もはや国民と役人との間にはなんら知識の差等がありません。国民は今や、役人の指導をまつことなしに、自由に考え自由に行いうるに至ったのです。

しかるに役人がそれをさとらずに依然として従来の指導的態度を維持せんとするがごときはきわめておろかである。いわんや精神を失った「伝家のさび刀」によって、それを行わんとするに至っては言語道断であります。今やわれわれ日本国民は疑いはじめた、みずから考えはじめた。多年の間もっぱら役人によって指導されつつ盲目的に突進してきた国民は今や目ざめてみずから考えはじめたのです。しかも因襲の久しき多数の国民はみずから考えんと欲しつつその考える力にとぼしい。彼らは全く創造力と独自性とを失っている。しかもささやかながら、彼らのみずから考えんとしているあの努力をみよ。国民は今や目ざめたのである。われわれは彼らの目ざめをして真に意義あるものたらしめねばならぬ。なぜならば、みずから文明国をもって誇るわが国が明治維新このかた世界人類の文化のためになにものを貢献したか？　わが国民ははたしてどれだけの創造力があるのか？

それらの点を考えると、国民の創造力を養成することが刻下の最大急務のように思われてならないからである。

せっかく今や、ようやく盲目的服従の習慣から離れて、みずから考えみずから行動せんとしはじめたのです。国家とその役人とは、今や全力を尽くしてその動きはじめた傾向を助長すべきです。

そうしてみずからは「指導」をすてて「謙虚」につくべきです。ここにおいて私はいいたい。刑や法によって「淳風美俗」をおこそうと考えてはならぬ。みずから確信ある活力ある道徳的の規準を有せざるにかかわらず、なおかつ「民心の統一」に腐心するをやめよ。彼らの美しいといったものは国民もまた異口同音に美しいと合唱した時代はすでに過ぎ去った。一時の例外的現象にすぎない明治の夢を今もなおみていてはならぬ。目をあけて世の中を見よ。暁明はまさに来らんとしている。われわれは、みずから考えみずから行って、みずからの道徳を創造せんとしている。私はかく高唱しつつ、今後の国家と役人とがもっともっと謙虚なものになってほしいと希望するのです。

そうして国家も役人も、われわれ普通の人間の考え方を制御することにのみ腐心せずに、むしろみずからをむなしうして、みずからもまた普通の人間と同様に考えうるようになることを心がけてほしいのです。なぜならば、「役人の頭」が「人民の頭」と一致することは国家制度の生きてゆく最小限度の要件であるから。

一三

今や役人はその態度と考え方とをあらためねばならぬ。「指導」より移って「謙虚」につかねばならぬ。そうしてわが国人をして真に世界人として世界人類の文化のために貢献しうるように、自由に考え、自由に行わしめ、もってその創造力と独自性とを十分に発揮せしめねばならない。そうしてそのことは「思想」の問題、「道徳」の問題、「美術文芸」の問題について、ことに痛切に感ぜられます。なぜならば、これらの問題は、一方においては、いずれも国家と法律と役人とにとって最もにがてな問題である。問題本来の性質上、役人の指導を許さざるもの、役人はただこれを取り締まる以外なんらの能力もあるべきはずのない事柄だからです。しかも他方において、わが国人をして今後人類文化のためになにものかを貢献せしめるがためには、これらの方面における国人の考え方と活動とをして自由に活躍せしめねばならないからです。今日わが国はあらゆる方面において行きづまっています。政治においても、経済においても、法律においてもそうです。道徳の方面においても、また同様だということができましょう。旧来のものはすべてその権威を失いました。また少なくとも失わんとしています。伝統主義者はこれをみて慨嘆しています。けれども私はかくしてこそ、わが国がいきいきと伸びてゆくのだ、これこそ実に新日本への木の芽立ちと考えています。役人はなにゆえにこの伸びてゆく若芽を刈らんとするのであろう？

彼らはみずから称して「思想を善導する」という。しかし「善」とははたしてなにか。彼らははたして確信をもってこれに答えうるものであろうか？　否、私はそう思わない。なぜならば、今やまじめに考えている国民はみなひとしく「善とはなんぞや」の問いに答えかねて煩悶を重ねている。彼らもまたその例外であるはずはないからです。

「善」とはなんぞや。国民はみなその問いに答えかねて偉人のくるのを待っている。そのときにあたって、役人が「伝家のさび刀」をかつぎだして、われこそは「思想の善導者」である、と大声疾呼したところで、誰かまじめにこれを受け取る者があろう。この際役人もまた人間の間に下りきたってみな人とともに「善」とはなんぞやという普遍の公案を考えねばならない。かくしてこそ、彼らもまた国民とともに悲しみうる真の人間らしい役人となりうるのであって、それのみが今日の国家をして永く安泰ならしめる唯一の策だと私は考えるのです。

一四

なお終りに一言いっておかねばなりません。今の役人の中で無性に「伝家のさび刀」をありがたがり、これによって国民を「善導」せんとする者はむろん上役の者に多い。しかも、この考え方は十分下役に徹底していないために、ややともすれば下役の考え方を強制する。その結果、みずから行いつつある行為について十分の確信をもたない下役の役人が、とにかく上官の命ずるところに従って、形式的に行動していさえすればいいと考えるような、忌むべき現象を生ぜしめた。しかしながら、かくのごときは、かかるみずから確信なき役人の行為によって取り締まられる国民にとっては、きわめて迷惑であるのみならず、役人をして道徳的に堕落せしめるゆえんだと私は確信します。下役の役人が行動するにあたって、ただ単に「上官の命令なるゆえに」と考えるだけで、みずからなんらの自信もないならば、そのそとに現われた行動はいかに形式上合法的にできていても、真に人民を服することのできるわけがありません。また役人が日夕かくのごとき行動を繰り返さねばならぬとすれば、ついには彼らの道徳心が麻痺するに違いありません。真に人間らしく「良心」と「常識」とをもととして考えようと努める代りに、とにかくうわべだけ上官の命令を奉じているようにみせかけていさえすればいいというようになるに違いありません。そうして私にはどうも現在の役人がもはやその弊におちいりつつあるように思われてならないのです。下役人がサボる、不正をやる、人民につらくあたる。われわれは毎日そういういやなうわさを耳にします。そうして上役人は「綱紀粛正」とか称して下役人をしばったり督励しようとしているといううわさを耳にします。しかし私をしていわしむれば、それは決して下役の罪ではない。下役といえども飯を食わねばならぬ。その下役をして道徳的に自信のない行動をむりやりにやらせて、事久しきに及べば、彼らが道徳的に堕落するは当然です。したがって彼らをして堕落せしめたのは実に上役の罪であると私は思います。下役が道徳的に同感であろうがなかろうが、むりに事を命じてやらせる。その当然の結果として上役の目を盗むことができさえすれば何をやってもいいという考えを生ぜしめる。それはちょうど法律のむりな強行がややともすれば人民の徳性を害し、法律に従っていさえすれば何をやっても差支えないというような考えを生ぜしめやすいのと同じです。

この意味において現在の役人は、一には法律によってしばられ、二には上役の命令によってしばられた、きわめて困難な気の毒な地位にあるのです。しかもその「役人の頭」のみが今の国家をして長く活力あらしめる唯一の保障であることを考えると、役人の責務のきわめて重いことを感ぜずにはいられません。ここにおいて私は、一方には立法府および上役に向かってその法律と命令とを下役の道徳的要求に合致したものたらしめ、下役をしてその良心に従って行動することをえしめよといいたい。

また役人みずからに向かっては、諸君は役人たる前にまず人間たることを心がけねばならぬ、法律によって思惟せずに、良心と常識とに従って行動せねばならぬ、といいたいのです。諸君はも一度「カエサルのものはカエサルに返せ、神のものは神に返すべし」というキリストの言葉の意味を、またもしこの言葉がいやならば「天子より庶民に至るまですべて身を治むるをもって本となす」という『大学』の語を十分に味わっていただきたいと希望します。

なぜならば法治主義は実に諸君の頭のみを頼りにした制度だからです。

四　小知恵にとらわれた現代の法律学

概念的に美しく組み立てられた法律学がだんだんと世間離れしてゆくことは悲しむべき事実である。そうしてそれは従来の法律学がその対象たる「人間」を深く研究せずして単純にそれを仮定したことに由来するのである。その意味において私は現在の法律学を改造する第一歩として一種のロマンチシズム運動が必要だと考えるのである。この文章は元来「法律学における新浪漫主義」と題して大正一〇年の春、中央法律新報社主催の通俗講演会のためにやった講演の速記に手を入れて出来上ったものであって、もともときわめて通俗的なものである。これを本書に採録するについて標題を改めた理由は、私はみずからの主張にみずから何々主義というような名をつけることはあまり好ましくないと考えたからである。

一　緒　　言

法律というものはむずかしいものです。ところがそのむずかしい法律の話をわざわざ三〇銭も出して諸君が聴きに来るのですから、そこにはそれ相当の理由がなくてはならないと思います。それで私は、諸君が法律に対してなにか興味をもたれ、また同時にある不足を感じておられる、その不足を充たすべき何物かをどこかに求めたいという希望が諸君の足を自然ここに引きつけたのではあるまいかと考えております。

ところで、法律はそんなむずかしいものでしょうか、またむずかしかるべきものでしょうか？　学者や法律家はよくこんなことを申します。「法律は別にむずかしいものではない、素人にはわからないかもしらぬが、われわれには非常によくわかっている」と、こう申すのです。ところが私など一〇年あまりもだんだんと法律学を研究してみましたが、法律学は依然としてむずかしく、そうしてわれわれ法律家にとってもいやに不自然なむずかしいことがたくさんあるように思われてならない。どうもわれわれの本当の人間らしいところに何かしっくりと合わない点があるように思われてならない。そうしてその感じは時とともにだんだん強くなるばかりです。

私が外国に行く前によくこんな話を聞きました。イギリスでは法律を学ぶためにはロンドンの弁護士や裁判官を養成する学校に通う。そうしてその学校を卒業するためには一定の年限の間学校の食堂で飯を食わなければいけない。飯を食うことが日本でいえば法学士になる一つの要件である。その飯を食わなければ裁判官や弁護士にはなれない。その話を聞いたときに私は、イギリスには古来の伝習にもとづいて今日ではもはやなんら意味のないことがたくさん行われている、この飯を食うのも多分その例にすぎないのだろうと簡単に考えていました。ところが日本をたってアメリカに行ってみると、アメリカの大学における法律の教え方をみて第一に驚かされました。いったい日本では先生が高い壇へあがって非常にえらそうな顔をしてせきばらいをしながら、ひげをひねりつつもったいぶって講義をする。生徒はまるで蟹のようになって筆記をしている。これが日本の法律の教え方である。ところがアメリカでは最初一年生に法律を教えるのにでもそんなことはしない。裁判所の判決例を集めたかなり厚い本を各生徒にあてがう。そうして生徒は法律もなにも知らないのだが、とにかく先生の指図に従って下読みをして行く。ところが先生が「誰々! この事件は何が書いてあるか」と法律もなにも知らぬ者に対して質問する。生徒は「これこれこういうことが書いてある」と答える。すると先生はだんだんに追及して、ついには生徒みずからむりやりに正確なことをいわなければならないようにもちかける。その結果、法律を教える教場に行くと、あたかも討論会でもやっているようで、生徒と生徒とが討論する。先生がまた中に入って指導しかつ討論の相手にもなる。そうして結局法律の原則は生徒みずから自分の努力で探し出すようにさせる。何のためにこんな教え方をするかというと、例えば化学を教える際に先生が頭から「これは何とか何とかなり」とえらそうな顔をして教えるよりは、生徒自身をして実験をさせてみずから原理を会得させるほうがいい。それと全く同じ考えを法学教育に応用したものです。これが現在のアメリカ法律の教え方ですが、この方法の実際に行われるところを毎日毎日みていると、だんだんと今お話ししたような長所が目についてくるとともに、ほかにいっそう大事な長所を発見しました。それはほかでもありません。従来日本の法律学者は人というものを、ただ理屈や小知恵や理知の持ち主として取り扱います。ところがわれわれが朝から晩までなしたことをあとから反省してみると、たくさんの行為の中には、自分の理知を標準とし理知のみにもとづいてすることが多いか、それともあるいは憤慨してみたり、あるいは赫怒してみたり、あるいは美術を見、音楽を聞いて非常に感心してみたり、なにかかわらず朝から晩までの間に、われわれはとうてい理知をもって律すべからざる、実にいろいろなことをするものです。ところで法律というものはわれわれが朝から晩までするいろいろなことをそれぞれ法律の型に入れて、あるいは刑罰を科してみたり、あるいは金を借りたのならば返さねばならぬというようなふうに決めるものです。いわばわれわれが朝夕なすところを法律的見地から規律するもの、それが法律です。それならば人間をただ理知の持ち主としてのみならず、あらゆる心理作用の持ち主として取り扱い、そのありのままの人間を法律の上にも踊らせ、かかる自然の人間として法律が規律し、学者が説明することにしてはどうだろうか。こう考えてきたときに、今申しましたアメリカ式の法律の教え方には、この私の希望が自然に実現されていることを私は感じたのです。先ほども申しました学生のもっている判例集には判決の事実がそのまま書いてある。それをよく読んでくる。そうして討論をする。世の中の出来事がそのまま教室において生徒の眼の前に展開されるのです。そうして結局裁判所はこれこれの事実なるによりこれこれに判決を下したと、先生が最後に教えてくれる。先生は理屈よりも生徒をよい方に導くことに全力を尽くしているのです。しかるに日本の先生は壇の上からえらそうな顔をして抽象的な原則のみを教える。したがって真に人間の世の中を離れない生きた本当の法律を教えることができない。法律はどうしても人間味を離れた変なものにならざるをえないのです。アメリカの教え方をみるに、先生は学生にまっさきに判決例を読ませている。したがって、かくして教えられる法律は、われわれが小さな理知をもととして研究したり教えたりする法律にくらべると、はるかに複雑なものである。すなわち人間の情けも出れば涙も出てくる。あるいは怒りあるいは喜ぶ。そのすべての事柄が法律のうえに出てきている。かくして法律が取り扱われるところをみると、なるほど法律というものは非常に複雑なものであると同時に、人間離れのしているものではないということに誰しも気がつくのであります。ここに至って初めて私は先に申しましたイギリスにおいて学生たちが学校の食堂で一定の年限飯を食わなければ法学士になれない理由がわかったのです。つまり、たとえ理屈だけがわかっても、真に法律家らしい生活経験をした者でなければ、法律家として完全なものだといえない、というわけなのだと思います。

今までのところ、日本において法律とは何であるかといえば、法律家がホンの小さな小知恵の持ち主として作ったにすぎない。そうしてその小知恵にもとづいて作られた法典をさらに小知恵の力でいろいろと論議をなし、これをもって「これわが法なり」と主張され教えられるのである。そもそも法律に最も利害関係の多い人間は誰かといえば、例えば刑法についていうならば犯罪をおかした犯罪人であり、また民法についていえば、例えば金を借りたとか物を売ったとかいうようなことで権利をもったり義務を負うたりする本人たち、それが一番法律の何たるかにつき利害関係を有する人である。かかる人にとっては法が何を命じているかが明瞭であることが何より必要なのです。しかるに現在たくさんある法律書をあけて自分の心配事を相談してみると、あるいは消極説だとか積極説だとかいうものがあり、さらにまた折衷説なるものがあり、そうしてまた時には「余輩は第四説を採る」などとさらに異説をたてる先生もある。全く異説の展覧会である。ここにおいて誰が一番迷惑するかといえば、それは現に心配事をもった当人で、いろいろ先生の著書を見たり先輩学者の意見を聞くが、いろいろ説があってなんのことだか一向に判然しない。学者はわずかな小知恵をもとにしてひたすら異説をたてることのみを志し、これで結構オリジナリティーを出したような顔をしている。しかしいったい学者の本分ははたしてそんなものでしょうか。否、私はそう思わない。学者の役目は、裁判所や立法府と協力して、一方においては現在の法律はかくかくのものであるということを一般国民に示して、そのよるところを知らしめるにある。であるから、できるならば、いわゆる学説の数を減らすことをひたすら心がけてこそ立派な学者である。そうしてまた他方においては、大きな眼からみて将来法律の進みゆくべき道を示すことに努力してこそ、真に学者の本分が発揮されるわけである。いたずらに小知恵にとらわれて末節にのみ走り、積極説、消極説に次いで折衷説さらに第四説、第五説を生み出すごときに至っては、全く法律家のまさにとるべき態度を踏み違えたものといわなければなりません。

しかしながら、よくよく考えてみると、かくのごときことは、現在の日本においてひとり法律家のみの行うところではない。実際からいえば現在の世の中のすべてが、いわば小知恵の行きづまりである。第一八世紀以来漸次に自然科学が発達をとげると同時に、自然科学の力を借りれば万事がたちどころに説明がつく、したがって万事が経験と理知とで説明されうるというようなことを、世の中一般の人が軽々しく考えるようになり、ついには現在まだわずかしか発達していない自然科学をもってすでになにかよほど完全なもののように考え、これで万事きりもりしてゆけると考えるようになった。ところが実際の宇宙はもっともっと複雑な深遠なもので、とうてい今日の程度の自然科学ではいかんともいたしがたいのである。ところがこの種の考え方はすべての方面を支配して、かつては文学にも美術にまでも現われたのである。しかし世の中はもっと複雑です。理屈だけではとうてい説明できず、またわれわれが満足しないのです。そこで小さな理屈にのみ拘泥せずに、人生そのものの現実を直視して、真相をとらえなければならぬ。その傾向は文学、美術などの諸方面においてはすでに大きく現われていると思う。しかるに法律学においては今日なお小知恵が専制しています。それで小知恵をふるい万事を理屈どおりやってみたが、さて出来上ったものはなんとなく人間味が欠けている。これが真に生きた世の中を規律しうるとはどうしても思えない。そこで私はいいたいのです。理屈大いに可なり、しかしその理屈が小さな狭いものであれば、すでになんの役にも立たぬ。また世の中には理屈だけではどうしても解けない複雑なことがたくさんある。人間の生活関係のごときはその最もいちじるしいものの一つで、これを規律する法律および法律学にはどうしても理屈を超越した、現実そのものをありのままに観察して得られるところの幾多の非理知的分子を附加して考えなければならないと思います。これがまず今晩のお話の緒言であり、同時に解題となるわけであります。

それでこれから以下、以上の思想をもとにして、現在の法律をしてもっと人間味のある誰にもなるほどと思われるようなものにするにはどうしたらよいのか、それを説明してみたいと思います。

そこで、法律の存在が一般に諸君の眼に触れるところはどこかというと、第一には、裁判所を通しておりおり法律の存在を知らしめられる。第二には、議会が開かれて、法律の出来上がるのをみると、誰しもなるほど法律があるということに気がつきます。また第三には、学校へ行って法律を教えられる、なるほど法律があることをたしかに感じます。これがまず普通われわれが法律の存在を意識する最も主な場合です。それでこれからこの三点を順序にとらえて、一々これに人間味を注射する法を考えてみたいと思います。

二　人間味のある裁判はどうしたらできるか

昔の裁判にはなんとなく人間味がありました。例えば大岡越前守の講談などを聞くとつくづくそういうことを感じます。それで私はいつもその理由がどこにあるのかをいろいろと考えているのです。

そこでまず第一に考えたのは、いったい裁判官が裁判をするにあたっては事件を審理した上で結論が先に出るのだろうか、それとも法文と理屈とが先に出てその推理の結果ようやく結論が出るものだろうかという問題です。この問題は日本の裁判官はもちろん外国の裁判官にもしばしばたずねてみました。ところがこれに対する答えはほとんど常に「結論が直感的に先に出る、理屈はあとからつけるものだ」というのでした。しからばその直感的に出てくる裁判の結論なるものはいかなる心の働きから出てくるのか、私は次にこの問題を考えたのです。裁判が理屈から生まれてくるのではないとすれば何から生まれてくるのか。単なる感情とか好悪から生まれてくるのでないことだけは明らかです。それで私の考えでは、それは裁判官の全人格の力で生み出されるのだと思うのです。したがって裁判官として一番大事なものは人格の完成です。これを完成する一要素としてむろん法律の知識は必要です。しかし、それはほんの一部分です。もしも最も理想的にいえば、「なんじ人を議することなかれ」という言葉のとおり、人間には人を裁くだけの力はないのかもしれません。しかしとにかく裁判官になった以上、人を裁かないわけにはいかないから、そのみずから心がけて努むべきことは人格の完成、一分でも一厘でも神に近づかんとする努力、それが裁判官として最も大切なことだと思います。それにはそのわけを知るということもむろん必要であるが、単にそれだけではすまない。人間としてあらゆる修養を積んで本当の人間らしい人間にならなければならぬ。この人間は神さまにかたどって作られたものである。したがって本当に人間らしくなれば神さまに一番近くなったものである。それで初めて人を裁く資格ができてくるのである。かくのごとき立派な人格の持ち主によって与えられる裁判にして初めて真に勇気もありまた人間味もあり、しかも法律にもはずれないものになるのである。

それで、私は、もし大岡裁判に関する巷説のすべてが真実であるとすれば、大岡越前守はおそらくこの理想によほど近づいていた立派な人格者であったのだと思います。

ところが、今日では裁判には結論のほかに理由が必要になってきました。いかに結論がよくても理由がなければ今日の裁判として不完全なものです。それはなぜかというと、フランス革命を境として世界至るところに平等思想が生まれました。その思想は第一九世紀から二〇世紀にかけてますます発達し、初め形式的なものであったのがだんだんと実質的なものになってゆきます。この平等思想が裁判制度の上に現われたのは何かというと、それはいわゆる法治主義です。法治主義はこれを最もひらたくいえば一種の物差しのようなものです。あらかじめ法律という物差しをこしらえておいてこれを裁判官に渡す、裁判官はあたかも呉服屋の番頭さんが物差しで切地をはかるように、与えられた物差しで事件を裁きます。そうすれば最も公平に厳正に事件が裁かれる。これがすなわち法治主義の考えです。その結果、裁判官は万事物差しに拘束されて自由な働きができないことになるのですが、これというのも畢竟裁判官の専断を防ぎ不公平を防がんとする主旨から生まれたもので、それがため今日の裁判官は物差しさえもっておればほかのことは何も知らないでもいいのだなどと誤解してはいけません。呉服屋でさえ物差しだけもっておれば商売ができるというものではありません。ところが世の中には、裁判官に物差しを与えかつこれを扱う技術さえ教えてやればそれで立派な裁判官ができる、それが法治主義の理想のように考えている人も少なくないようですが、それはきわめて間違った考えです。法治主義の理想は、公平にやれ、裁判官がわがまかってな処分をやってはならぬ、というにあるのです。決して人情を無視していいとか、法の技術さえ心得ておれば法の精神や理想については何も知らなくてもよろしい、裁判官は肉挽き器械のように自動的に裁判を絞り出せばそれでよろしい、というようなものではないのです。法治国における裁判官といえども昔の大岡越前守と同じように人間として立派な人でなければいけない。人間として最も完全に近づくように心がけなければいけない。ただその昔の裁判官と違うところは、自分の全人格から自然に流れ出てきた裁判に、現行法を基礎とする理由を附し、裁判を受ける人および世の中一般の人をして自分は決して裁判官の任意な処分で裁判されたのではない、という感じをいだかせなければならないのです。そこが昔と今の違うところで、今日の裁判官のむずかしいところなのです。裁判官には法の理想に関する信念がなければならない。しかも同時に法律に束縛される。この理想の要求と公平の命令とをいかに調和すべきかが、今の裁判官にとって最もむずかしい大事な問題なのです。

それでこの調和問題については私は理想の要求に重きを置くべきであるということをいいたいのですが、このことについて一つのおもしろい話がありますから、それをお話しいたします。

それはイタリアの音楽家の話ですが、その話によると、音楽家が例えばオペラを作る、そうして役者を指導して上演させる。作者はむろん全力を尽くして自分の最もいいと信ずる楽譜を作るわけなのですが、いよいよこれを実際の舞台にかける段になってみると、役者が本式の衣裳をつけて舞台に出る。そうして見物人もいっぱいいる、立派な背景があり、オーケストラもコーラスもまた相手の役者も出て、いよいよ本式に作曲家の作ってくれたものを歌ってみると、なかなか実際上作曲家が自分の全知をふるって考えだした歌が舞台の実際に合わないことが出てくる。役者が実際の場にあたってみると、作曲家の希望や予定とは違った種々のことが出てくる。例えば、このところはこれこれの長さに歌うように、もとの譜はできていても、役者がその場合どうしてもかくかくにしか歌えないということであれば、かくかくに歌うよりほか致し方がない。しからずんば本当に自然な美が出てこないからです。また役者がここは熱情が出るという場合には、その熱情に従って譜を無視して歌ってしまう、それよりほかに仕方がない。ところがイタリアの作曲家はこの最初の上演における役者の実験を是認し、したがって最初の上演において誰々が、こういうふうに歌ったとすれば、それんどが元来の譜とは違っていても、どんども、その間に大変おもしん歌われてゆく。そこが特にイタリアのオペラがなんともいわれぬ柔らかみをもち、人心の奥底にしみこむような力をもっているゆえんの一つなのだろうという話です。

そこで私はこの話とわれわれの商売たる法律とを思いくらべてみて、その間に大変おもしろい類似点を発見したのです。それはほかでもありません。法律はいわば作曲にあたるもの、それを裁判官が衣裳をつけ舞台に出て実際の上演をやる。そのときの裁判官は真剣です。立法者が空に考えたり、学者が抽象的に考えたりするのとは違って、眼の前には実際の利害関係をもった当事者本人がいるのです。そうしてその人間のいろいろの事情なども知っているのです。その本舞台でいよいよ本式に作曲家から渡された音譜を歌わなければならないのです。どうして譜だけを頼りにしてただそのとおりに歌いさえすればいいというようなことがありましょう。そんなことでは聴者はさらに感心しないのです。ところが今日の日本においては作曲家たる立法者にも役者たる裁判官にもこの考えが十分に呑み込めていないように思われてなりません。しかし今日の裁判官といえどもこの心得がなくてどうしましょう。裁判官は、前にも述べたように、その全人格によって判断を下す。しかし今日は法治国であるから、それになにか法律という物差しをあてなければ世の中の人が承知しない。しかのみならず物差しをあててみなを感心させるには種々な材料を使ってあるいは法律第何百何条にこう書いてあるから、おまえもしかじかこれこれと心得ろといえば聞く者のなるほどそうかと思う。またあるいは法律には明文がない、けれどもこれは多年当裁判所においてかくのごとく判決したるをもっておまえだけが特にかくかくの取扱いを受けるわけにはいかないといって聞かせれば、なるほどそうかと思う。またさらにある場合には、どうも判例もなし法律にもうまいことが書いてない。そのときには裁判所はなんというかというと、これこれの点はかくかくとならなければならないが、これはわが学界、学者の説を聞いてみても「通説おおむねかくのごとし」だから、おまえもそう思え、といって聞かせれば、これを聞く人も感心して、なるほどこんなえらい学者たちがそういっているのならば私もやむをえない、裁判に服します、というようなぐあいで判決が正当な理由あるものとして一般に取り扱われることになるのです。要するに裁判は最初議会の作ってくれた物差しを機械的に動かしただけでできるのではありません。裁判所は一方においてはまずその全人格を基礎として結論を下し、これに種々の物差しをあて、この判決は決して不公平ではない、ということを一般に呑み込ませる。そこが裁判官の役目でかつ最もむずかしいところなのです。

かくして初めて、本当の人間らしい上にも人間らしい結論が出て、ひとり議会が作ってくれた物差しのみでなく、いろいろの物差しが適当に使われて判決が下されるから、結局聴く人も感心するというわけです。

かくのごとくなってゆけば、法律が裁判所によって今少しく人間らしいものとして取り扱われるようになりうると思うのです。

次に裁判が今少しくわれわれの人間としての感じに合うようになるには、どうしたらよいかという同じ題目をも一つ違った方面から話してみたいと思います。諸君も御承知のとおり、ただいま陪審法なるものが枢密院から内閣にもどったり、内閣から枢密院にきたりして、われわれが将来支配を受けようとする法律の案が、秘密のうちに空の上を歩いております。まことに気味の悪いしだいでありますが、あの陪審法に対しては世の中に賛否の声が種々あります。ところが裁判官の大多数はあれに反対である。それは自分の信念にもとづいてなすところの判決が、客観的にみて公平であるか正当であるかは別問題として、少なくとも自分の信念において、正しくいっているものを、素人のなにもわけのわからない者が出てきて、いい加減に有罪、無罪といわれては困る。これが裁判官の反対論で、裁判官としてはまことにもっとも至極な言い分だと思います。しかし裁判官の中で陪審制度に反対する人々の多数はなによりも、もしも陪審制度を採用するときは、理屈のない裁判ができるということを恐れるようですが、そのいわゆる理屈なるものがはたしてどんなものであるかをよく審査してみた上でないと、おいそれとこの説に賛成できないのです。裁判官御自身は正しい理屈だと思っても、世の中の普通の人間が変な理屈だと思って、それを承知しなければ結局裁判としては目的にかなわないのですから、いかなる裁判が最もいい裁判かということは専門の裁判官だけでうまく判断できるものではないのです。専門家からみたら無知かもしれないが、ともかく実社会に立って働いている生地の人間を一二人もつれてきて、理屈はとにかくとして、おまえは素人としてこの事件をどう思うかと問うてみる。すると、よって得られる結果は、あるいは理屈からいうと首肯されえないものでも、人をしてなるほどと思わせるなにものかが自然にこもっている。理屈のみを法律と思っている人は必ず陪審制度に反対するのであるが、しかし陪審制度を設ければ、理知を超越したなんともいえないおもしろみが、必ず裁判の中に出てくると思う。日本の陪審制度反対論者はただときたま出てくる悪いところばかりをとらえて、やれカイヨー夫人が無罪になったのは陪審官を買収したのだとか、アメリカのシカゴにおいては女が男を殺しても死刑にならないとか、いかにも日本人には悪く聞こえるようなところだけを伝えるのです。しかし裁判は理屈だけのものであるか、それとも理知を超越したなにものかが附け加わってできるものであるか、この点をよくよく考えてみると、陪審制度というものもそう一概に排斥すべきものではなくて、私はむしろこれが裁判を人間らしくすることのいとぐちであるように思います。

三　人間味のある法律はどうしたらできるか

次に、どうしたらもっと人間味のある適切な法律を作ることができるか、という問題を考えてみたいと思います。

現在わが国において法律がいかなる手続で作られるかというと、まず司法省なりその他の役所で案を立てて議会に提出するのが普通の場合ですが、それからあと議会が何をするかというと、これは全く言語道断で、政府の案なれば御用党の力で理が非でも議会を通過します。反対の少数党中にかなり理屈のあることをいう人もあるのですが、多数党はそのいうことをきいてさえくれません。だから議会は法律の通ったりつかえたりする所で、法律を作る所ではない。法律はむしろ司法省なり内務省なり、その他お役所の役人によって作られるのだといっても、たいした間違いとはなりません。そこで、今日、法律の起草をされる方々はどんな方々かというと、それはそろいもそろって知恵者です。そうして吾輩出ずるにあらずんば天下のこと明らかならずとか、余輩出ずれば天下のこと定まるとかいうようなぐあいに、自分のもっている知恵をえらく尊信して万事がこれで解決できるというように考えている方々のように思われます。ところが私から遠慮なく申しますと、その先生がたがみずからたのむところの知恵が、たとえ、その先生がいかにえらい人であるとしても、はたしてそんなに頼りにできるほどたいしたものであるかどうかを、私は大いに疑うのです。どうせ人間一人ですから、その一つの頭の中から幾千万かの人間から成り立つ社会に立派にあてはまるような法律が容易に出てくるわけがないのです。ですから、これらの先生が法律を作られるならば、実際の事情や外国の法制などをできるだけよく調査し、人間の小知恵の足らざるところをできるだけ補ってこれを大智たらしめるだけの努力をせねばならず、またそれをするだけの謙遜な気持ちがなければならないのです。そうして事の許すかぎりは法案をまず公表してひろく江湖の批評を乞うだけの雅量がなければならないのです。ところが、例えば最近の議会に借家法案が提出されたときなども、法は最後まで秘密でわれわれ人民にはみせてくれない。私などもようやく新聞紙の六号活字でわずかにこれを知りえたにすぎませんでした。それでいよいよ議会に出た法案なるものをみたときに私は全く驚きました。遠慮なくいわせていただくと、全く穴だらけだからなのです。いったい、この借家法なるものは、今までのごとくただ個人主義的に考えて作られるべき法律ではない。問題がもっと複雑しているのです。人間はふえる、物は足りない。その調節をいかにしてゆくべきかを考える問題の一場合に相当するのです。ですから、この種の立法をするについては、従来の単純な資本主義や個人主義の頭脳だけを頼りにしたのでは、うまい法律のできるわけがないのです。それで、この同じ問題が、諸外国においても、わが国におけるよりはむしろ大仕掛けに起こり、これに対する立法も実にたくさんあるのですから、この外国の立法例だけでも十分調査し、また進んでは実際わが国における住宅難がどんなものであるか、またこれに関する法律上の争いは実際上どんなものであるかを、十分調査してかからなければならないわけです。ところが司法省のしたところをみていると、外国の法律を参考した形跡が少しもないのみならず、わが国の実情についてもほとんどなんらの調査もないのです。現在、裁判所に提起される借家に関する事件の統計があるかというとない。例えば借家人のほうから起こす訴訟の数はいったいどのくらいあるか、家主の起こす訴訟はどのくらいあるか、あるいは訴訟の金額はどのくらいか、これらの点を東京区裁判所の管轄区域内だけでもよろしいから知りたいと思ったのですが、そういうものは司法省にはないのです。いったい立法例を調査するでもなく、世の中の実情を調査するでもなく、ただ立案者がありあわせの小知恵をふるって書いたのでは、いかに立派な小知恵の持ち主にやらせてもうまくいくわけがない。そうしてその案がやがて同じく知恵一点張りの法制局あたりをまわった上議会を通過する、これではたしていい法律ができるでしょうか。私は大いに危ぶむのです。それでは真に社会の実情に適合した法律のできるわけがないのです。それから次に今の立法者——世の中でいわゆる官僚と称される方々——は非常に世論なるものをばかにしておられます。ですから法案はなるべく秘密にすればするほどいいと考えておられます。なるほど世論は理屈に合わないものです。しかし世の中のことをすべて理屈に合わせようと思えば、しゃくにさわって仕方がなくなる、できない相談だからです。しかしながら、法律は理屈だけで動くものではないと同時に、世論といえども決してばかにすべからざるものである。決して軽視することは許さざるものである。世論は理屈の代表者ではない。しかし世論にはなんともいわれない大きな価値がある。そこに人情の機微に触れた微妙な力強いところがあるのです。それを基礎にして法律を作らないで、どこに人間の気持ちに合う、本当の法律を作りうるか。法案を立てる人が、我輩はかく書いた、これより以上によいものはない、世論など衆愚のいうことがなになるか、というような調子で、学者のこれに対する公平な批評すらきらうというに至っては、いったい国家民衆のために法律を作るのか、自己のヴァニティーのためにむりに我を押し通すのかわからなくなります。かかる結構な法律のもとで租税を納めるわれわれこそ実に迷惑千万な話であります。

私はこの点が一日も速やかに改良されて、もっと念入りに小智をたのまずに、真に人間味のある法律が作られるようになることを希望してやまないのです。

四　もっと人間味のある法律の教え方はないものか

終りに、もっと人間味のある法律の教え方はないものか、それを簡単に考えてみます。このことは今日のお話の初めにも詳しく申しましたが、今日わが国で学者の学生に教えるところはただ抽象的な理屈だけである。ところが法律は理屈だけでできているのではないから、学生に本当の法律を教えるには、理屈を超越した、言葉では言い表わせない、味をも教えなければならないのです。それには現在アメリカでやっているように、判例を材料にしてこれを批判させてみるのが、一番適当な方法のように思われるのです。

今、一つ日本の大審院判決を例にひいてお話をしますと、ある時ある所に一人の男がありました。ところが父の言葉にそむいてどこかのある女とよろしくきめこんで互いに一家をもった。父がいくら帰ってこいといっても帰ってこないから、仕方なく、父もそのまま放任しておいた。爾来数年を経たが帰ってこない。そこで父親は民法にいわゆる戸主の居所指定権なるものを行使した。ところがその男は頑として応じないので父親は憤慨して、一週間内に立ちもどるべし、しからざれば家から離籍してしまうぞ、という最後通牒を発した。それにもかかわらず、その男が期間内に帰らないのでとうとう離籍されてしまった。そこで今度は子供のほうからおやじを訴えて離籍の取消を請求した。その理由にいわく、一週間で帰ってこいというのはあまりにひどい、法律をみると「戸主は相当の期間を定め其指定したる場所に居所を転ずべき旨を催告することを得若し家族が其催告に応ぜざるときは戸主之を離籍することを得」とあって、わずか七日という期間はこれを相当と認めがたいと、こう息子のほうではいうのです。それを私たちが机の上で教えるときには、はたしてこの七日の期間が相当なりや否や、を適当に教えることは実際上不可能です。いうまでもなく、これは学者の領分外です。裁判所の領分に属すべきものです。ところで日本の大審院はこれをどう判決したかというと、七日の期間が相当なりや否やは一概には決められない。この息子がその婦人と数年このかた同居している。この同居している事実を父親は是認しているのか。それとも父親は今日といえども従来どおり、ひきつづいて反対しているのか。そのいずれかで結論が違う。親がもともと認めて同居していたのだとすれば、わずか一週間で帰れというのはむりである。これに反して、親が早く帰ってこいこいと始終いいつづけて反対していたのならば、一週間といえども決して短くないと、こう判決を下しております。私はこれをもってまことに人情にかなった結構な判決だと思いますが、かくのごとき解決は学者が机の上で考えてはとうてい出てきません。やはり裁判官が本舞台に出て実際の事実をみて初めて考えつく考えです。

判決というものが、すべてこんなものだとは限らないのですが、とにかく実際の事実と離れない、いうにいわれぬ趣きのあるものです。ですから私はかようの判決をたくさん集めたものをもとにして、法律を教えるがいい、そうすればひとり学生みずからをして自発的に法律を発見し学ばしめることをうるのみならず、理屈ではとうてい説明のつかない法律の機微を学生に教えこむことができて、いわば一挙両得になります。ですからこれからの法学教育はこういう方向に向かってしかるべきだと私はかたく信じます。

五　結　論

これでだいたい私のお話は終ったのですが、体裁のために簡単に結論をつけておきたいと思います。

今まで申しましたところを要約すると、こういうことになります。理知はよろしい、理屈も知恵もよろしかろう。しかしながら小知恵ではだめだ。理知も徹底したのでなければだめだ。これに反して徹底した理知ならば必ず人間らしいものになる。いったい世の中のことは、理知で解きうる範囲は実にきわめて狭いので、少し行けばすぐ突き当るのである。しかし少なくともその理知だけでも徹底するように努力せねばならぬ。それが今の法律学者に対する私の要求の一つである。その次は理知はみずからその身のほどを知れ、理知によって進みうるところは広くはない、人間というものは理知だけで動いているものではない、あるいは信仰であるとか、あるいは悲しみであるとか、あるいは喜びであるとか、あるいは恋愛とか、あらゆる心理作用をもって、朝から晩まで動いているものであるから、それらの複雑な作用をも加えて万事を考えなければならぬ。理知のみを引き離して、それだけで法律現象を説明し規律しようなどとは全くだいそれた話である。むろん理知は一八世紀このかた自然科学の発達によって得たところのわれわれの既得権である。私はこれをすてよというのではない。かえってさらにいっそう徹底して大きな理知たらしめるように努力せよというのである。ただそれと同時に理知をもってなしうることの範囲はきわめて狭いのだということを、一般に悟ってもらいたいと私は思います。要するに理知を徹底してついには理知によって理知の上にまで出る。そうしてそこに本当に人間らしいなにものかを認めうるのである。今後は法律のできる人間も、できない人間も、また現在、学べる人間も、あるいは今後大いに学ばんとする人間も、このことをよく心がけてほしいと私は思います。そうすれば必ず法律の社会化ということも、この中央法律新報社の努力とあいまって、漸次に実現されるであろうとみずから信じているしだいであります。そうしてこのことはひとり法律家の腕のみをもってできることではない。国民がみな一様にその考えでなければ不可能である。法律は一部の限られた人間のものでもなければ、権力階級のものでもない、われわれのものである。だからこの法律が真にわれわれの法律であるということが本当に実現される時代が一日も早く到来するようにわれわれは一致協力しなければならぬ。いささかこの意味において愚見を述べたしだいであります。

五　過激社会運動取締法案批判

大正一一年二月、政府は突然、過激社会運動取締法案を議会に提出した。われわれはこの悪法の成立を阻止せんがために同志とともに、あるいは演説により、あるいは論文によって、極力反対の運動を試みた。ところがその運動は、ついに議会ことに貴族院の多数者を動かして、その目的を達することができたのである。本文は当時三月初旬の東京日日新聞に連載されたものである。なお参考のために本文の末尾に法案を添えることにした。

力をたのむ者はとかく力にたおれやすい。力はもって一時をしのぐに足る。しかも、それは要するに時の問題にすぎぬ。

力をたのむ者は力にたおれる。それは古今東西の歴史が明らかに証明する争うべからざる真理である。ことにわれわれは昨秋以来二度までもその真理をちなまぐさい悲劇によってまざまざとみせつけられた。

人は少しく力を得るとすぐにその力を妄信し、その力をたのんでむりを始める。ところが人間は、一見いかに弱々しくかつ柔順にみえる者でも、結局自分の胸におさまらないむりな暴力に対して、そうやすやすと屈従するものではない。力の専制がひとたび人性の堪えうべき最大限度を越えるとき、そこには必ず反抗が生まれる。そうしてその反抗を実現すべき適法平和な手段が与えられていない彼らは、ついに力をもって力に答えんとはかる。その結果生まれるものは悲劇である。それはいたましいことに違いない。しかし理非善悪を超越した絶対の真理である。人性の命令である。神さまはわれわれ人間にこの真理を教えるために、時々この悲劇を世の中に生まれしめる。けれども、おろかな人間にはその啓示がわからない。健忘性な人間はすぐにそれを忘れてしまう。そうして歴史は明らかにその真理を証拠立てつつあるにかかわらず、力を妄信し力をたのむ人々は、とかくその明々白々たる事実をみようとしない。力をたのんでむりをしては、みずからまた力のために没落する。しかもその没落は——実は必然の趨勢なるにかかわらず——おろかな人間にはほとんど意想外と思われるときに遠慮なく突如として現われる。それは争うべからざる事実である。

二

政府はついにかねがねうわさされた「過激社会運動取締法案」を貴族院に提出した。一見した私は戦慄した。「力をたのむ人々」のために戦慄したのである。

ついこの間までは「思想は思想をもって防ぐべし」と説いていた当路者も、今やついに「力」をもって「思想」と戦わんとしはじめたのである。しかし、当路者の恐れている「思想」ははたして彼らのたのむ「力」をもって容易に抑圧しうるほど弱いものであろうか。なるほど「力」は人を監禁し人を殺すこともできる。しかし燃ゆるがごとき向上の願いはそうやすやすと亡び去るものではない。ことにその「思想」が人性の根底に確固たる基礎を有するとき、「力」をもってするもついにこれを亡ぼすことができないのである。

いったい人間の「思想」の中で最も強烈にしてかつ根強いものは、いうまでもなく、「解放」の思想である。いやしくも人間として生まれた以上、われもまた人並みに取り扱われたいというきわめてもっとも至極な希望である。この思想この希望のために古来幾千万の奴隷――人間にしてしかも法律上、経済上ないしは社会上完全な人として取り扱われない者――は命を賭してまでも戦った。彼らはその愚昧から目ざめるたびごとに、われもまた「人になりたい」と希望した。けれども従来の特権階級はとかく容易にその希望をいれようとしない。それは彼らにとって不利益だからである。かくして「人になりたい」者とその反対者との間には必然に争闘が起こる。そうしてその争闘は当事者双方ことに反対者の態度いかんによって、あるいは平和に解決し、あるいは内乱となり、革命とまでもなる。われわれ人間の歴史は、考え方によっては、この争闘の記録それ自体だということができるほど、争闘の記事で満たされている。

いやしくも人間として生まれた以上、人並みの取扱いを受けたい。天下にこのくらい穏当な希望がどこにあるか。しかるに、従来の優越者は各種の口実をもうけ、あらゆる手段をめぐらしてこの希望をしりぞけようとする。純理的にみてそのくらい非人道的な企てがどこにあるか。

むろん、社会の変化にはおのずから一定の階梯がある。急激無秩序な変革はたとえ一時的なりといえとかく犠牲を伴いやすい。したがって実際的見地から考えて、一時急激な変革要求を阻止して誠心誠意平和な解決をはかることは実際政治家の所為としてこれを是認しうる。けれども単なるエゴイスチックな動機から、もしくは自己の無知盲目から、この人間の人間らしい叫びたる「人になりたい」要求を無理解なる暴力をもって圧迫し去らんとするがごときはとうてい許すべからざる罪悪である。

諸君！　諸君はもう忘れたのか？　一昨々年パリ講和会議の際諸君は官民上下こぞって何を要求したか？　人種平等の要望！　あれは何であるか？「人になりたい」叫び声でなくて何であろう？　人間にして法律上全然物と同一に取り扱われたこと、かの南北戦争前アメリカに存在した黒奴のごときものは今やほとんど世界から影をひそめた。けれども、今日といえどもある程度において法律上権利能力を制限された、いわば部分奴隷とも称すべきものは世界中至るところにある。ことに経済的見地よりすれば、全世界はほとんどすべて労銀奴隷をもって満ち満ちている。しかし、それと同時に忘るべからざるは、人種を理由とする権利能力制限の制度が今日なお大仕掛けに世界中至るところに存在する事実である。かつて諸君はこの制度を打破せんがために熱狂した。否、今日も同じ希望をつづけているに違いない。それならば、諸君はなにゆえに同情をもってあの労働奴隷の「人になりたい」叫び声をきこうとしないのか。諸君はそとに向かって「人になりたい」と絶叫しつつうちに向かって

ろう！

は「人になりたい」と希望し嘆願する者を顧みようともしない。なんという大きな矛盾である。

　そこで、私はいま取締法案を提出した当路者にいいたい。諸君はおそらくそとに向かって「人になりたい」と最も大きく叫んだ人々の一人であろう。それならば、無産者の「人になりたい」希望に対しても、よろしく一切の偏見と我執とを去って同情をもつべきである。この希望は従来諸外国においてはその国々のちょうど諸君に相当する人々の頑迷と無情とのためにじゅうりんされて、その結果しばしば暴力の発動をみた。けれども暴力は決してこの「希望」の本質的要素ではない。むしろかえって正当な人間らしい希望に対する無慈悲な圧迫が誘発した反抗にほかならない。「力」に対する「力」の答えにほかならないのである。ゆえに諸君は「力」をもって「力」の答えを誘発するに先立って、まず虚心坦懐に彼らの人間らしい希望をきき、これに同情をもつだけの雅量がなければならぬ。

　しかるに、諸君は現在同じく「人になりたい」希望である普通選挙の要望をきこうともしない。経済的に「人になりたい」とあせっている労働者の希望をじゅうりんして、彼らを縛ることだけを考えている。その同じ諸君が今やこの「過激社会運動取締法案」を提出した。われわれ社会の保安のために百方苦慮しつつある諸君の努力に対して敬意を惜しまない私といえども、遺憾ながらなんらか疑念なしにこの法案を受け取ることができないのである。

三

「力」をたのむ者は「力」をもって「思想」までをも抑圧し去ろうとする。なるほど、「力」はもって「思想」の発現する「形式」を変えしめることができよう。けれども、よって変えられた新しい「形式」はかつて抑圧を加えられる以前、容易に発現しえた時代のそれに比して、かえって危険なものになる。その結果、「思想」はかえって陰険な殺伐な、そうして底力の強いものになるのである。

諸君は、かの鉄血宰相ビスマルクがその「力」をたのんだ最絶頂、一八七八年に制定した「社会主義者鎮圧法」が結局いかなる運命におちいったかを熟知せられるであろう。

彼は当時、漸次に頭をもたげきたって、その国の権力者、有産者の脅威となりつつあった社会主義者を、撲滅し去らんとして、あらゆる「知」と「力」とをふるった。初めにまず「知」によって社会主義者の買収を企てて失敗した彼は、一八七七年の総選挙に際して、社会党連合軍が無慮五〇万の投票を獲得して、一二名の同志を議会に送りえたのをみたとき、ついに「力」を使用すべく決心した。そうしてそれがためにあらゆる機会をねらい口実をさがした。ところが幸か不幸か、翌一八七八年五月一一日、皇帝がウンテル・デン・リンデン街を通過の際、ホエーデルのために狙撃せられるや、ビスマルクはついに宣戦を布告した。彼はまず議会に「社会主義者鎮圧法」案を提出した。けれども議会はただちにこれを否決した。しかるになにごとぞ、翌六月二日皇帝は再びカール・ノビリングのために狙撃されて重傷までも負わされた。その結果さすがに世論は沸騰した。議会も驚いた。この機に乗じビスマルクは突如議会を解散して社会主義者の虚をつき、その結果、以前よりも已れに有利な議会を得た上、同年一〇月苦闘の末、ついに前記の法案を通過せしめることができた。

ここにおいて、彼は新法の力によって、一切の結社、組合を解散せしめ、新聞紙を禁止し、印刷所を没収し、主動者を監禁し、または退去処分に処した。その結果、数月ならずして、さしも恐れられた社会主義者は全く撲滅されたようにみえた。むろん、その際「力」に答えるに「力」をもってせよと宣伝したモスト、ハッセルマンのたぐいはあった。けれども、ベーベル、リープクネヒトら社会党の首領連はよく隠忍してなんらの抵抗をも試みなかった。ビスマルクはあせって彼らの抵抗を誘発せんと試みた。そうして彼らを縛ろうと考えた。けれども賢明な彼らはついにその手に乗らなかったのである。

かくして外観上、社会党は全くこれを鎮圧しえたるがごとくにみえた。けれども、事実は全くそれに反した。新聞紙はいかにこれを禁止しても形を変えた他の新聞紙になって現われたのみならず、外国で印刷された新聞紙はひそかに輸入されて全国に流布した。表面上組合は解散せしめられたけれども、あるいは共済組合を組織してひそかに結束を維持し、あるいはひそかに資金をつのって同志の連絡をとり、秘密に宣伝を行った。社会運動は撲滅されたのではない、ただそとからみえなくなっただけのことである。否、かえって勢力を増したのみならず、その傾向はきわめて悪化したのである。この際全国の官憲はビスマルクに向かって「法律はついになんらの効能もない」と報告した。

ここにおいて、一方彼はますます「力」をふるうとともに、他方、労働者をてなずけて社会党の勢力をそがんがために、労働保険法その他各種の労働者保護法の制定を急いだ。彼がいわゆる社会政策のために努力したのは実にこのときである。けれども、それらの策も事実なんらの功も奏せずして、社会党の勢力は日に日に増加し、鎮圧法施行後一二年の後にはついに施行前の約三倍すなわち一四二万七〇〇〇の投票が彼らのために投ぜられたのである。失敗にいらだった鉄血宰相は、一八九〇年ついにこの鎮圧法を一般刑法典中に編入して永久の法たらしめんとはかり、同時に執行権力の拡張を要求したけれども、今や失敗に目ざめた議会は彼の要求をいれなかった。法律はついに自然消滅となって彼もまた失脚した。かくして「力」はついにたおれたのである。ことは一八九〇年九月三〇日、その夜のベルリンは、道路も公園も広場もカフェーも劇場も、すべて狂喜と歓声とマルセイエーズの歌とで満ちたと伝えられている。

「力」はかくしてたおれた。しかも無惨にたおれた。一切の「力」と「金」とを利用して一二年間努力したあとには失敗よりほかになにものも残らなかったのである。社会党は上述のごとく三倍の投票数を得た。労働組合は以前五万なりしものが今や二五万となった。労働者は今こそ真に組合の必要を感じ、彼ら共同の利益を自覚した。かくして社会主義者を鎮圧すべく制定された法律はかえって彼らの勢力を激増せしめ、撲滅せらるべかりし労働組合は多年の試練の結果かえって新しい生命によみがえったのである。しかもこの結果をもたらすべく「力」を用いた者は、ひとり力をたのむ人のみであった。彼の相手はただ隠忍のみをもってこの結果を得たのである。

ビスマルクのあの法律とわが法案とはきわめて似たものである。しかし、彼は我に比してはるかに穏和である。ことに刑罰のごとき我の懲役五年以下ないし一〇年以下なるに反し、彼はたかだか千マルク以下の罰金または六ヵ月以下の禁錮を科したるにすぎぬ。また彼の罰せんとしたるは集会、結社、印刷物、醵金など具体的の事実なりしに反し、我は実に「宣伝」と称するきわめてあいまいな用語によって包括される一切の行為、否「思想」そのものを罰せんとするのである。

いうなかれ、わが法はより厳なり、必ずやより多き効果を得んと。なるほど、たしかにこの法は相当の犠牲者を出しえよう。けれども、歴史上とうとうとして昼夜をおかず流れきたあの「人になりたい」思想の大河を、かかる一片の法律や厳罰や暴力によって、せき止めうると誰が信じよう。しかのみならず、せき止めんとして用いる努力が大きければ大きいほど、いよいよせき止めえなくなった暁の反動の大きいことを覚悟せねばならぬ。「力」をたのむ人々よ。今諸君のまさに努むべきは「運河」を掘るにある。しかるに諸君は「せき」を築かんとしている。諸君の「明日」は危うくないか？

四

法は社会の反映である。法を立てんとする者は具体的な社会事実に基礎を置かねばならぬ。空想の上に法を築かんとする、ことこれよりも危うきはないのである。

法案に添附された理由書によると、「近来我国に於て外国同志と相提携して過激主義の宣伝を為さむとする者漸く多く」云々とある。もしそれが事実であるとすれば、警察当局者がその取締りに苦心するのは至極もっともだということができよう。しかし実際上はたしてこの法案を必要とするほどの事実があるのであろうか。この法案の当否を批判せんとする者はまずその事実の有無と内容とを知らねばならぬ。

しかるに、この点に関して山内司法次官が貴族院で説明しているところをきくと、「（前略）『其他』と云ふのに付ては詳しく調べたこともありませんのでありますけれども、中には代議政治を否認して直接行動を以て或運動を企てると云ふやうなものもあるやに聞いて居るのであります」云々とあって、当局みずからにも事実に関する確かな知識がないようにみえる。いかにも心細いしだいである。このゆえに貴族院の委員会が開会まず政府に向かって事実の調査報告を提出すべしと請求したのは、大いに当を得た処置だといわねばならぬ。

　われわれが新聞紙によって知りえた知識によると、当局のいわゆる「外国同志と相提携して過激主義の宣伝を為さむとした者」の実例はわずかに近藤栄蔵の事件一つあるのみである。そのほかには英人グレーの事件が多少同じ臭味を帯びるだけのことである。そうして当局者の説明によっても、法案はただかかる「外国同志と相提携して過激主義の宣伝を為さむとする者」を取り締るだけが目的だということである。しかし、もしそうならば、なにゆえに法案はその主旨を明瞭に規定しないのだろう。しからずしてただ漠然と、あるいは「無政府主義、共産主義其の他に関し朝憲を紊乱する事項を宣伝し又は宣伝せむとしたる者」といい、あるいはまた「社会の根本組織を暴動、暴行、脅迫其の他不法手段に依りて変革する事項を宣伝し又は宣伝せむとしたる者」というがごとききわめて広汎あいまいな文字を使用しているのは、当局者みずからが陽に法案の目的なりと称しているところをいちじるしく超過したものといわねばならぬ。あの事実を知り、あの説明をきき、そうしてこの法案をみたわれわれは、当局者がその明言するところ以外なお陰になにものかを考えているのではなかろうか。それを疑わずにはおられないのである。

言葉をかえていえば、あたかもビスマルクがその「社会主義者鎮圧法」制定の機会を皇帝に対する狙撃事件に求めたように、かねがね計画した自由思想の圧迫を一近藤栄蔵の事件をきっかけに実現せんとするもの、それが当局者の腹の中ではあるまいか。失礼ながら私にはどうもそう想像されてならないのである。なぜならば、諸君は必要なしにみだりにあいまい広汎な文字を使用しておられるからである。

五

刑はもって刑なきを期す。それが刑罰法令のすべてに通ずる理想でなければならないことはあえてここに喋々を要するまでもない。国民をしてよくそのよるべきところを知らしめ、もってこれに反することなからしめる、それが刑罰法令の目的でなければならぬ。

このゆえに、刑罰法令の用語は——他の法令についてもむろん同様ではあるが——特に明確でなければならぬ。意味あいまいにして広汎なる文字をもって科刑の標準とするのは、あたかもひそかにおとしあなを設けて人をおとしいれるにひとしい。もし人のこれにおちいらざらんことを欲するならば、なにゆえにおとしあなの所在と広さと深さとを明瞭にしておかないか。しかるに当路者の本法案を立案するや、努めて意義あいまいなる文字を羅列して、その意のままにいかなる者をも自由に縛りうるように計画している。かくのごときは、おとしあなを伏せてひそかに国民のおちいるを待つものにあらずして何であるか。かくのごときは、刑はもって刑なきを期するにあらずして、実にかえって大いに刑せんことを期するものである。ビスマルクはその「社会主義者鎮圧法」を制定して、社会主義者を撲滅せんとはかった。そうして彼らかたく自重して容易に法に触れざるをみるや、彼はついにあらゆる奸策をめぐらして彼らをおびき出さんと考えた。当時彼の御用紙はしばしば繰り返して「この際最も必要なるは民主社会党員を憤激せしめて絶望的行動をなさしめるにある。彼らを公道に引き出して、射ち倒すにある」と唱えた。彼は「力」をたのむあまり、ついに刑政の根本策を忘れたのである。彼のやがてたおれたる、まさにそのよるところありといわねばならぬ。

賢明なるわが当局者よ、彼の覆轍をふむことなかれ。刑は常に刑なきを期するものでなければならぬ。あいまい広汎な文字をもって国民を威嚇せんとするをやめよ。われらによりどころを知らしめよ。われらをおとしいれんとはかることなかれ。

諸君はあるいはいうかもしれぬ、「本法制定の目的は屢々議会に於て之を明言せるが故に後人濫りに其適用を誤るものなからむ」と。しかしながら、法律の適用は常に必ずしも立案者の予定した針路に進行するものではない。否、時には正反対の方向にさえ進むことがあるのである。ゆえに諸君がもし誠意をもってかくいわれるならば、その誠意はよろしくこれを法文の上に表わすべきである。ビスマルクはその鎮圧法を議会において討議するに際し、明白に「本法は決して労働者の組合権を失わしめるものにあらず」と断言した。それにもかかわらず法案通過の翌日すでに組合破壊の方策は開始された。そうして数ヵ月の後にはほとんど全部の組合を解散しつくしたのである。私は尊敬すべきわが当局者が、かくのごとき不信の行動にならおうとは信じたくない。けれども、立憲政治最小限度の要件である普通選挙の要望をさえいれることのできない彼ら、治安警察法第五条、第一七条をさえ容易に廃止しそうもない彼ら、あの彼らに信頼してこのあいまい広汎な刑罰法令の運用を一任せよ、といわれるとき、われわれはどうしていさぎよく彼らを信ずることができよう。われわれは法文の上に明らかな保証をとっておかなければならないのである。

六

法文の用語は明確でなければならぬ。ことに刑罰法令においてそうである。しかるに今法案をみるに、それは全くあいまいにして生硬な翻訳的文字の集合である。

まず第一に、法案のいわゆる「無政府主義、共産主義」とは何であるか。私は「マルクスの学説」、「レーニンの主張」、「クロポトキンの思想」、「バクーニンの主義」の何物たるかを知ることができる。けれども、「無政府主義」、「共産主義」の何たるかを概括的に説明するはほとんど不可能である。なぜならば、学者がこれらの名称のもとに概括する学説はきわめて多岐多様に分かれているからである。むろん学問上の便宜のためこれを概称するは差支えない。けれども、これを法令中の用語として科刑の標準とするに至っては、吾人とうていその可なるゆえんを知らないのである。第一、立案者みずからはこれらの名辞に対して明確な説明を与えうるであろうか。かりに彼らはできるとしても、これを運用すべき判検事ないしは警察官、ことに下級警察官のごとき、はたしてこれを理解しうるだけの能力があるであろうか。もしそれこれを理解せずしてその運用をなさしめるとせば、それは実に狂人に名刀を与えたよりも恐ろしい。良心ある判検事、警察官は、とうてい自信をもってこれを適用しうるわけがないのである。それとも政府は本法案通過の後まず全国の司法官、警察官を会同して講習会を開き、そうして諸学者ならびに著名な社会主義者を招聘して公平な意見をきき教育を受けるだけの用意があるのだろうか。それだけはぜひ必要である。

第二に「無政府主義、共産主義其の他」とは何であるか。従来の法令において「其の他」という文字を使用する場合には、例えば「政府ヲ顚覆シ又ハ邦土ヲ僭竊シ其他朝憲ヲ紊乱スル」というがごとく、まず、二、三の例を示した上「其の他」と記し、その後に原則的包括的の文句を掲げるを常としている。それでこそ「其の他」の文字に危険性がなくなるのである。しかるに法案はまず「無政府主義、共産主義」というがごとき、それ自体すでにきわめて不明な文字を使用した上、さらに加うるに「其の他」の文字をもってし、しかもその後になんらの包括的文句をも記していない。もしこれをこのままに放置すれば、いやしくも無理解な当路者が「無政府主義、共産主義」に類似していると思うものはすべてこれを処罰しうるに至るので、事これよりも危険なるはない。われわれ立憲制下の国民はとうていかくのごとき意味不明なる「其の他」のもとに安んじて生活することはできないのである。もっとも山内司法次官の貴族院における説明によると、この「其の他」は直接次の「朝憲を紊乱する事項」にかかるので、たとえ「無政府主義、共産主義」に関せずとも、いやしくも「朝憲を紊乱する」者であれば、すべて本法第一条の適用を受けることになるのであるらしい。もし、そうだとすれば、本条解釈問題の重点は「朝憲紊乱」の四字に集まるものといわねばならぬ。

ところが現行法令中「朝憲紊乱」ないし「国憲紊乱」なる文字ほど不明なものはあるまい。刑法第七七条のごとく「政府ヲ顚覆シ又ハ邦土ヲ僭竊シ其他朝憲ヲ紊乱」云々といって、「朝憲紊乱」の例を示している場合でさえ、その意義についてはすでに疑いがある。いわんや新聞紙法、出版法のそれに至っては、さらにいっそう疑わしいのである。しかもこの四字は実に本条を適用するや否やを決定すべきほとんど唯一の標準である。われわれの同胞が七年もの間牢屋につながれることになるや否やを決定すべき大事な標準である。立案者にしてもし一片国民を思うの情あらば、かくのごとき従来といえどもすでに疑義多かりし文字の使用を絶対に避くべかりしである。

むろん「紊乱」の二字は単なる「改革」ないし「改造」より重いものであることは明らかであるけれども、二者の境界がいずれにあるかは、吾人不幸にしてこれを知るをえない。今やわが国の識者は朝野上下の別なく、まじめに改革しかも根本的大改革の必要を認めている。このときに際して真摯な学者、研究者の誠意ある改革意見をきくことは、一般人士のひとしく切望するところであり、また同時に国家将来のため必要欠くべからざる事柄である。しかるに、その意見を吐かんとする者が、もし一歩をあやまれば、たちまち「七年の懲役又は禁錮」に処せられるということであれば、誰か安んじて誠意を披瀝しよう。「朝憲紊乱」の四字はどうしても、これを削除せねばならないのである。

次に疑うべきは、「宣伝」の二字である。おそらくこれは propaganda の訳字であろう。しかしながら、この訳字はきわめて歴史の新しい、まだ一般人に正確な理解を与えていない訳字である。坊間伝えるところによれば、一昨々年パリ講和会議の際、外務、陸軍両省の間にはなおいまだ訳字の統一を欠きたるの事実あるのみならず、陸軍本省はパリに向かって「宣伝」の意義いかんをわざわざ電報をもって問い合わせたる事実ありといわれている。かくのごとき日本語としてまだ熟せざる文字を借りきたって科刑の標準となさんとするのはきわめて危険である。なんとなれば、国民は容易にその解釈をあやまって縲絏《るいせつ》の厄におちいりやすく、官憲はまたたやすくこれを濫用して人権をじゅうりんしうるからである。

およそ演説をなし、講義をなし、著作をなすもの誰か、そのいうところのいよいよ広くますます遠くひろまり伝わることを願わざるものがあろうか。彼らのなすところは見方によってはすべて宣伝である。したがってもし、この文字が法文中に用いられるならば、いやしくも官憲において「朝憲を紊乱」すと認定した事項を発表した者は、事実はすべて「宣伝」をなしたる者として罰せられるに至り、天下の学者、著作家、文学者は、一、二の御用学者を除くのほか、とうてい安んじてその意見を吐きえないことになるであろう。かくして現在わが国の社会が最も必要としている誠意ある改革意見をきくの機会は長く失われるであろう。かくして積弊はさらに積弊を生んで、しかも廓清改造の声ついにこれをきくによしなきとき、わが国の将来ははたしてより多く幸福なものであろうか。私はとうていかく信ずることができないのである。

終りに法案第三条はさらに「社会の根本組織を暴動、暴行、脅迫其の他の不法手段に依りて変革する事項を宣伝し又は宣伝せむとしたる者」を罰せんとしている。このうち「社会の根本組織」の何たるかは上述「朝憲紊乱」の何たるかよりもさらにいっそう解しがたい。山内司法次官の貴族院における説明によれば「風俗道徳」のことまでがこの中に含まれているらしい。むろん「暴動、暴行、脅迫」の「宣伝」勧誘をなす者あらばこれを取り締るもとより差支えはない。けれども「其の他の不法手段」の意義不明なるかぎり、「社会の根本組織」を「変革する事項」の宣伝をなすはきわめて危険である。しかもわれわれの社会が今や根本的の改造を要することは朝野識者の世論である。われわれはわれわれ社会の将来のためにこれをいかに改革せば可なるべきかの問題を考えたい。衆人とともにこれを考えたい。本法立案者ははたしてこれを阻止せんとするのであろうか。

かくしてかぞえきたれば、本法案は実にあいまいな文字用語の集合である。かくのごとく意義不明にして容易に濫用せられうべき法律の運用を、現在のごとき思想の持ち主たる警察官吏に一任することは、とうてい法治国民たるわれわれの堪えうべきところではない。

七

ビスマルクはわが「過激社会運動取締法案」に相当すべき「社会主義者鎮圧法」を行うに

あたって同時にその「社会政策」を行った。むろん、この事実を解釈する者の中には、彼はその穏健な社会政策を行わんがためにまずしばらく過激な社会主義者の破壊的行動を抑制したにすぎぬと説く者と、彼は鎮圧法を強行せんとするにあたり、つとめて労働者の同情援助を得んがために、彼らを喜ばすべき社会政策を行ったにすぎぬと解する者との二派がある。私は今ここにその二説の正邪を論じようとは思わない。ここではただ、ビスマルクはその鎮圧法とともに社会政策をもっていたこと、ただ単に消極的な取締法規を施行したのみでなく、同時に積極的な経綸をもっていたことを明らかにすれば足るのである。

ところが、現在わが国政府の行い、または行わんとするところをみるに、その政策の多くは直接民衆の福利に関係していない。現に今議会に提出中の法案ないしは予算案中に真に無産者その他下層階級のためをはかった「社会政策」的の法規ないし項目がどれだけあるか。それはほとんど皆無ではないか。のみならず、政府の行政上行いつつあるところをみても、真に貧者のために努力せんとするどれだけの誠意が認められるか。彼らはいたずらに形式的な現存の法規を盾にとって、無産者、被抑圧者の希望をしりぞけはばまんとのみはかっている。ビスマルクですらあの——わが法案に比すればはるかに軽い——鎮圧法を行うにあたっては「社会政策」の用意があった。しかるに今日わが国の政府にはひとりなんらその用意なきのみならず、あわよくばこの機に乗じて順良な労働者の向上運動をもはばみ、一切の新思想までをも撲滅して、保守的分子、財閥者流の意を迎えんとのみはかっている。危うしというのほかこれを評すべき適当の言葉を発見しないのである。

それのみではない、なるほどビスマルクは「鎮圧法」とともに「社会政策」をも行ったから、見方によっては、あるいは功罪あいつぐなうものといいうるかもしれない。現にわが国の学者中にもその意味においてビスマルクの政策を是認し、同時にもしわが国の政府にしても、この取締法を施行せんと欲せば、大いに社会政策をも行わねばならぬ、と説いている者もある。けれども、その同じ学者がさらにその推論を進めて、政府にしてもし今後大いに社会政策を行うの意あらば、本法案を通過せしめるも差支えなし、と説くに至るとき、吾人はとうていこれに賛同することができないのである。

ビスマルクがあの「鎮圧法」を制定したのは、ドイツ帝国統一後いくばくもなき時代である。多少の力を用いてまでも帝国の結束をかたくし、為政者率先して政策を樹立し、これによって社会を指導せねばならなかった時代であった。このゆえに右手に「鎮圧法」の利剣をかざしつつ、左手に「社会政策」の慈悲を行うこと、あるいはやむをえざるものであったかもしれない。わが国においても明治維新創業の際、政府のとった方策中には実質上かなりむりなものがあったけれども、当時の政策としてはなおこれを是認しうべき余地がある。ところが大正一一年今日わが国はもはや昔日のそれと全く異なったものである。明治以来歴代の政府は、一般に知識のおくれている識見狭隘な国民を指導して、大いにその所信を行い経綸を施してきた。そのおかげでわが国の社会は一般に大進歩をとげたけれども、その同じ政策を今日もなおそのまま行いうると思えばそれは非常な間違いである。

われわれ国民は五〇年の間息もつかずに指導されてきた。ひたすら指導者を信頼しつつ突進してきた。しかし猪進五〇年の後、彼らは疑いはじめた、多少の疲労を感じはじめた。彼らは指導者に向かって休憩を希望するとともに、「いったい貴下はわれわれをどこに連れて行こうとするのか」と問うた。ところが驚くべし、指導者には十分うまくその問いに答えることができなかった。「わしにもよくわからない」と答えるのほかはなかった。指導者すでに確信なし、国民いかでかこれにつきしたがおう。思想はたちまち混乱して現在のような懐疑的な不安な世の中が生まれ出たのである。

われわれは維新以来多大の泰西文明を輸入して外形上長足の進歩をとげた。しかしわれわれは自己の独自性によって人類文化のためにはたしてどれだけの「創造」をなしたか？　遺憾ながら零に近いのである。しかし、今や国民は疑いはじめた。「懐疑」はそもそも「創造」の始めである。われわれは実に今や自己の内容を充実して真正の文化を創造せねばならぬ時代になったのである。そうして現在の混乱状態はまさにその「創造」の曙光を示すものである。真に世界と伍しうべき文化的日本はこれから始まろうとしているのである。

このときに際して政府当局者のとるべき態度は謙虚でなければならぬ。謙譲よく有識者の言をきき、一般民衆の希望にかんがみて策をたて事を行わねばならぬ。そうして国民をして自発的に「創造」せしめ、その内容を充実せしめねばならぬ。しかるに為政者が明治以来「指導」しきたった情勢をもって今後もなお同じ態度を持続せんとするのは、全く時代の変遷を知らず、自己の無力無識をかえりみずして国家社会の意義ある進展を妨げるものである。今や政府は民衆の声をきかねばならぬときである。できるかぎり言論の自由をはかり、もって民意の伸達をはかるべきである。しかるに政府は全くこれと反対に言論を抑圧せんとしている。彼らは自己が今や新日本を指導すべき資格なきに至りたることを覚知せずして我意を通さんとしている。そうしてまじめに国の将来を思う人々の忠言をきこうとしない。私は「彼らは耳をおおうて鈴を盗まんとするものだ」とか、「臭いものにふたをするものだ」とか、そう悪意には解釈したくはない。彼らもまた国の将来のため誠心誠意努力しているものと考えたい。しかし時代の推移を知らず、自己の無力を悟らずしてなお指導的態度をとらんとする。そのおろかさを笑わなければならない。

従来とても言論の自由を束縛することわが国のごとくはなはだしきものは世界中どこにもない。この上あいまい危険な文字を羅列した取締法規を作って、この際最も必要な思想の活躍を妨げんとするがごときは、とうていこれを許しがたい。右手に「取締法」をもち、左手に「社会政策」を行うというがごときは、政府の指導を必要とし、また政府が指導者たる資格を十分保有する時代においてのみいいうべき事柄である。今日は国民の自発的「創造」を促すべきときである。このときに際して、かくのごとき言をなすは、あたかも「犬を鉄鎖に縛して美食を与えん」とするにひとしい。国民のとうてい耐えうべからざるところである。「われわれは餓え死んでもいい。しかし自力で自由に食物をさがしたい。」国民はかく希望しているのである。

私は今日この時代において学者中ややもすれば、ビスマルクの「社会政策」を引ききたって、わが取締法案の補いとなし、「同時に社会政策を行わば取締法もまた差支えなかるべし」というがごとき意見を吐いている人のあることをきわめて遺憾とする。私はかかる意見をもって社会的ないし政治的の背景を無視して法律を談ぜんとする――とかく法律家にありがちな――形式的表面的の「小知恵」にすぎぬと評したいのである。

参照

過激社会運動取締法案

第一条　無政府主義、共産主義其ノ他ニ関シ朝憲ヲ紊乱スル事項ヲ宣伝シ又ハ宣伝セムトシタル者ハ七年以下ノ懲役又ハ禁錮ニ処ス

前項ノ事項ヲ実行スルコトヲ勧誘シタル者又ハ其ノ勧誘ニ応シタル者罰前項ニ同シ
第二条　前条第一項ノ事項ヲ実行又ハ宣伝スル目的ヲ以テ結社、集会又ハ多衆運動ヲ為シタル者ハ十年以下ノ懲役又ハ禁錮ニ処ス
第三条　社会ノ根本組織ヲ暴動、暴行、脅迫其ノ他ノ不法手段ニ依リテ変革スル事項ヲ宣伝シ又ハ宣伝セムトシタル者ハ五年以下ノ懲役又ハ禁錮ニ処ス
第四条　前三条ノ罪ヲ犯サシムル目的ヲ以テ金品ヲ供与シ若ハ其ノ他ノ方法ヲ以テ便宜ヲ与ヘタル者又ハ情ヲ知ツテ之ヲ受ケタル者ハ各本条ニ定ムル所ニ従テ処断ス
第五条　前四条ノ罪ヲ犯シ未タ発覚セサル前自首シタル者ハ其ノ刑ヲ減軽又ハ免除ス
第六条　本法ハ本法施行区域外ニ於テ第一条乃至第四条ノ罪ヲ犯シタル者ニ亦之ヲ適用ス

六法窓閑話

従来法理学の根本問題としてもっぱら法学専門家の間においてのみ論ぜられていた事柄、ことに「法とはなんぞや」「法律と道徳との関係」というような問題は、今やこれを専門学術の研究題目とするにとどめずして、一般人士の高き常識として必ず一応は考えてもらわねばならぬ事柄となったように思われてならない。なぜならば今日わが国の一般人士の間におのずから行われている法律思想によると、この種の問題はかなりあやまって考えられている。そうしてそれがやがて幾多の社会悪の根源をなしつつあるように思われてならないからである。私が昨年（大正一三年）の春、国民新聞社の依頼を受けてこの小稿を公けにした理由は、これがやがて多少とも世の中一般の方々に、この問題を正しく考えてもらう機縁ともなれかしという小さい願いからである。ただ同時に専門を同じうする学界の方々には、この中に現在私のいだいている法理思想の一端が――形式の卑俗なるにもかかわらず――相当明瞭に書き表わされていることに御注意を願いたいと思う。

——政府ではいよいよ思想善導のために文政審議会という大委員会を組織することに決めたそうだが、君はどう思うかね？

——至極結構な思いつきだと思うが、結果はあいかわらず思わしくはあるまいね。なにしろ思想だとか民心なんていうものは飴細工のようにそうやすやすと善導されたり悪化させられたりするものじゃないからな……。

——そう頭からけなしてかかるものじゃない。あれでも先生たちはまじめなのだから。それにしても新聞によると、今度もまた前の教育調査会のときと同じように、現行の民法がわが国古来の淳風美俗に合わないとかなんとかいうようなことが問題の一つになるらしいじゃないか？

——そうかもしれない。なにしろ当時の闘将江木千之氏が文相の地位にあるのだから。しかし、あの淳風美俗のほうは現に法制審議会でもやっているのだから、今さら改めて評議にのぼすこともあるまいじゃないか。

——さあね。がそれはまあともかくとして、どうしてああいう人たちはそんなに法律のことを気にするのかしらん。大いに孔孟の道をおこしたり、神ながらの道を教えさえすれば、法律などはどうあろうとも、民心の作興には少しも差支えはあるまいじゃないか。

——ところがああいう人たちの考えはだいぶ違うのだ。民法は国民日常生活の経典でなければならぬ。したがって民法法典の中にわれわれ国民が順守せねばならぬ教訓の数々を書きこみたいというのがあの人たちの腹の中らしいよ。なにしろ先日などある老人は僕にこんなことをいったよ。いったい、今の民法はけしからぬ。戸主、家族の間柄などについても、むやみと戸主の権利がどうの義務がこうのと、すべてを権利義務扱いにして規定をもうけている。あれではいかぬ。どうしても「家」に関する規定の初めには、例えば「戸主は毎朝家族をひきいて祖先の霊を拝すべし」とか、「戸主は家族をいつくしみ家族は戸主を敬うべし」とかいうような規定を置かねばいかぬ、とまあこんなことをいってきかせたよ。

——結構じゃないか。そうして毎朝どこの家でも子供にそれを暗誦させることにすれば。第一、君らの本がよく売れるぜ。

——冗談いっちゃいかぬ。話はまじめだぜ。それで君はいったい民法なんてものはそういう主旨のものだと思うかい？

——さあ僕は法律のほうは全く素人だからなんともいえないが、そういう君はどう思うのだい。

――僕は、民法法典は裁判所が裁判をするときの物差しにすぎない。国民に向かって行為の準則を教え示すことを目的としたものじゃない、と、まあこう考えているね。むろん裁判所だってそう世の中の人間のおもわくとかけ離れた物差しを使うわけにはゆかないから、現に世の中にある国民行為の準則と裁判所の物差しとはだいたい同じ内容をもっているし、またもっているのが理想に違いない。なにしろ世の中で善といわれる事柄がむやみに裁判所では悪だと評価されるようでは事実困るからね。

――それに裁判所に行けばこれこれの裁判をされるとあらかじめ決まっておれば、世の中の人間も平素からなるべくそれに適合するように行動するに違いないからな。

――そうだ。それで事実法律の中にもそう世の中とかけ離れたことは規定していない。むろん法律を立案する人が全知全能の神さまでないかぎり、いかに努力してみても世の中の準則を欠点なく完全に書き表わしたような法律は作れない。またいったんは世の中の事情に適合していた法律でも、後になって世の中が変化すると、また法律と世の中との間に距離ができる……。

――それを追っかけてその距離をなるべく減らすのが法律家の任務なのだろう。

――そうだ。ところが法律家がいかに社会の実情を研究したり、国の将来を考えて法律の改正を提唱しても、法律の改正をつかさどっている議会が今のようなぐあいではいかんとも仕方がない。まあ今のような世の中では法律と社会との間に相当の距離があって、世の中の人間になんとなく法律はいやなもの不道徳なものだというような感じをいだかしめるに至るのはまずやむをえないだろう。

——大変あきらめてしまったじゃないか？　大いに××先生あたりの驥尾に付して法律の社会化を主張したらどうだい。

——そりゃむろんやるつもりだ。いや実際やってもいる。しかし、その前に考えておかなければならないのは、民法本来の任務いかんという問題だ。世の中には——先ほどもいったとおり——あれを国民日常生活の経典だと考えて、その見地から現行民法を非難したり、その改正を説いている者が少なくない。ところが僕にはどうしてもそう考えることができない。民法本来の面目は事件が裁判所の前に出てきたとき、それを裁判するについて準拠すべき目安を決めたものだ。現代の立憲法治国は「法の前に平等」ということを理想として成り立っている。その理想の達成を確保するため裁判所に与えられた規準がすなわち民法、商法のごとき裁判規範たる法律なのだ。それでこれらの法律をかくのごとき裁判所の順守すべき規準だと考えるのと、国民日常生活の経典だと考えるのとでは、これを批評したり改正を企てるにしても、大いに根本の考えが違わねばならない。

——議論のだいたいはわかったような気もするが、なにぶん素人のことだから少し実例を示して具体的に説明してくれないか。

二

——よろしい。それでは二、三実例を引いてみようか。例えば民法の中に「書面に依らざる贈与は各当事者之を取消すことを得」という規定がある。

——なるほど。してみると僕は昨夜ワイフにこの次の月給日には指環を買ってやると約束したが、あいつはその「各当事者之を取消すことを得」というやつでゆけるね。

——そうだ。ところが夫婦の間になるとさらにいっそう烈しい規定がある。「夫婦間に於て契約を為したるときは其契約は婚姻中何時にても夫婦の一方より之を取消すことを得」というのが民法第七九二条（現行七五四条）にあるさ。

——ヘエ?! してみるといよいよもって都合がいいが、どうも少し変だね。物をやる約束をしても口約束でありさえすればいつでも取り消して差支えない。夫婦の間ではどんな約束をしようともどんどん取り消して差支えない。これでは「武士に二言なし」なんていうわが国在来の淳風美俗はまるで無視されている、ずいぶんひどいじゃないか?

——そうだ。しかしそう考えてすぐむきになって民法を攻撃するようでは君もやはりたいしたことはないね。もしも民法がわれわれの行動の準則を決めることを本旨としているものならば、この規定はたしかに君のいうとおり、不都合な規定に違いない。少なくとも君のような律気者にして妻君孝行たる者にとっては。

——ひやかしちゃいかんよ。それはそうとして、もしも——君のいうとおり——民法はわれわれの行為の準則を決めたものではなくて、単に裁判の規準を決めたものにすぎないとすると、今の規定でもあえて不都合ない、というのが君の意見なのかい？

——そうだ。第一初めの「書面に依らざる贈与は各当事者之を取消すことを得」というほうにしても決して口頭の贈与約束はいくら取り消しても差支えないという意味の道徳則を決めているわけでは万々ない。いやしくもいったん約束した以上いかなることありとも固くこれを守らなければならない、そういう意味の行為準則が世の中にあるということを民法は決して否定するわけでもなければ非難するわけでもない。ただ契約の証書もないくせに単に証人を立てただけで贈与契約の履行を訴求する者があっても、被告がこれに応じない以上、裁判所としてはとうていその訴求をいれることはできぬ、というのがこの規定の主旨だ。

——少し詳しく説明してくれないか？

——よろしい。つまり裁判官といえども人間にすぎない。全知全能の神さまではない。してみると、売買のような有償の契約ならばともかく、贈与のように単に一方だけが無代で物をやるというような約束の存否を——書証に比すればはるかに不確かな——人証のみによって認定することは危険である。売買の場合ならば、よしんば間違ったとしても、有償契約のことだから、たいした不公平は起こらない。ところが無償契約たる贈与については大いに事情が違う。人間たる裁判官が万一認定をあやまってはならないという心配から、この際証拠としては書証のみを許すこととし、人証のみを根拠として贈与の存在を認定してはならぬ、というのがこの規定の主旨さ。

——なるほどね。するとさっきの夫婦間の契約のほうはどんなふうに説明するのだい。

——あれかい。あれについてはおもしろい話があるよ。このあいだ例の△△先生とある席上で会ったのさ。するとふとしたことから話があの規定におちてきた。ところが先生も君と同じようにさかんにあの規定を攻撃して、民法が公然ああいうことを決めているようではとうてい夫婦間の信義は保ちにくい、と大変な気焔さ。そこで僕も仕方がないから、こういう説明をしたよ。夫婦間の約束といえどもこれを守らねばならぬ。みだりに取り消していいという法は決してない。民法といえども決してそういうことを決めているのではない。しかし、かりに夫婦の一方が約束を守らなかったとして、もしも相手方がこれを裁判所にまで訴えて履行させようとかかってきたらどうだい？　約束を守らぬやつも悪いことは悪いに違いないが、さらばといって裁判所に訴えるやつも訴えるやつだ。少なくともそれではとても夫婦の仲は保てない、というところから民法も「其契約は婚姻中何時にても之を取消すことを得」とやって、いやしくも夫婦である以上、相手方のいやがるものを裁判所にまで訴えてむりに履行させることはできない。こう考えると、不都合どころか大いに淳風美俗に適合した規定だ、と説明したのさ。ところが先生すっかり感心してしまってね。このごろでは大いに発心して法律の研究を始めたそうだよ。

――フーン。そいつはおもしろいね。しかし君の説明は少しうますぎていささか腑におちないところがある。いったい一般の先生方もそういう説明をしているのかい？

――一般の先生はどうか知らないが、民法起草者の一人たる梅先生などは「夫婦は一に愛情を以て成るべきものなるが故に、或は愛に溺れて無謀な契約を為し、或は又夫は妻に対して権力を有するが故に、往々妻を圧して己に従はしむることなしとせず。故に其契約は必ずしも十分の自由を以て締結せられたるものと為すことを得ず」と説明している。まあちょっと夫婦は互いに詐欺、脅迫をしあっているとでもいったような調子だね。

――なるほど。そいつはいかん。それに比すると君の説のほうがはるかに人情味があっていい。つまり夫婦が裁判所にまで出てきて契約を守れのなんのと争っても、裁判所はとりあわぬ、と……。

――まあ、そうだ。

——がしかし待ちたまえ。あの規定でゆくと、夫婦間で約束をした上、すでに履行をすませたあとでも約束を取り消して、すでにやってしまった物まで取りもどせる、しかも裁判所に訴えてまでも取りもどせる、ということになるぜ。するとやっぱり夫婦法廷に相争うことになって、すこぶるまずいじゃないか？

——むろん、その場合はまずいさ。今いった梅先生の説明でゆくと、今の場合もうまく説明できるけれども、だいたいの説明方法はよろしくないね。それで、僕としては今の規定にいわゆる「契約」は未履行のもののみを意味し、すでに履行したものまでをも含ませる趣旨ではないと解したいのだ。

——そうか、それではその規定はまあそれで解ったとしよう。そうしても少しほかの例を引いて君の考えをもっと詳しく説明してくれないか？

——よろしい。民法に未成年者というものがあるのを知ってるかい？

——それくらいのことは知ってる。二〇歳未満の子供のことをいうのだろう？

——ところでその未成年者が親の許可を得ないで独断で他人と契約した場合に、あとから勝手にそれを取り消してもいいという規定のあるのを知ってるかい？

——知ってる。一〇や一五の子供のいったことだもの、あとでいやになったら勝手に取り消させるのが至当だろうじゃないか？

――そりゃそうだ。しかし満一九歳一一ヵ月三〇日二三時、つまりあと一時間たつと成年になる子供、子供というのもおかしいくらいに立派に成長した男が誰かと契約をしたとするぜ。それをあとから勝手に取り消してもいいというのはだいぶ変じゃないか。

――変だ。その場合は取り消させる必要はあるまい。

――ところが民法はいやしくも未成年者たる以上たとえあと一時間で成年になる者の行為といえどもこれを取り消しうるということに決めているのだ。

――そりゃけしからんね。

――むろんけしからんさ。しかし今かりに二、三年前の何月何日どこそこで当時一七になる子供がある契約をしたとするぜ。もしも民法が成年年齢を――二〇歳というように――一律に決めないで、契約当時実際にその意味を理解し利害得失を考えるだけの意思能力をもっていたかどうかを標準として、契約の取消を許すべきや否やを決めることにしていたと仮定したらどうだい。裁判所は事件の起こるたびごとに鑑定人を呼んだり大騒ぎをして契約当時の意思能力の有無いかんを判断しなければならん。どんな名医といえども、三年前、五年前のいついつ当該の契約が締結された当時に一定の子供が意思能力をもっていたかどうかを正確に判断しうるものでは決してない。してみれば、かかる不確かな判断を基礎として事件の起こるたびごとに不安な裁判をするよりも、むしろ一定の成年年齢――むろん今の二〇歳というのは少し高すぎると思うが、ともかく一定の成年年齢——を決めておいて、それ以下の子供のやったことなら意思能力の有無などは全く調べずにすべて取り消しうることにするほうがいい。これが民法の考えさ。

——すると、これも全知全能ならざる人間を裁判官にしている以上、やむをえない規定だということになるのかね？

——そうだ。こういう規定はまだいくらでもある。

——いやもうたくさんだ。要するに君の考えによると、民法は事件が裁判所に出てきたときに裁判をする規準である。そうして裁判所は事柄を認定したり裁判したりするについて全知全能ではない。だからいろいろの事柄を裁判所の自由認定にまかせずに、法律で一律に決めてしまったほうがかえって公平になる、というわけだね。

——そうだ。その結果、杓子定規になって、世の中の標準からみればけしからぬと思われる場合も多少出てくるだろうが、人間を裁判官にしている以上、どうもやむをえないというのだ。ところが世の中の法律を批評する人にはこの点がよくわからないで、むやみと法律の画一主義を非難する人がある。これには全く閉口するよ。例の内縁の妻の問題などにしても、世の中で立派に夫婦として取り扱っているものを裁判所だけが戸籍の届出がないという理由で夫婦の取扱いをしてくれないといって、一概に現行法律を非難するのが普通の例だが……。

――ちょっと待った。君もその普通の例の一人じゃないのかい？

――そういえばいえないこともない、が少し違う。例えば日比谷の大神宮で立派に式をやった上公然同棲を始めた男がそのうちにいやきがさして――ちょうどまだ届出のしていないのを幸い――相手の女を勝手に追い出してしまったような場合に、女は男に対して損害賠償を請求しうるという今の判決例にはむろん賛成だ。またたとえ内縁の妻にしろいやしくも社会上立派な配偶者である以上はその夫が死んだ場合、これに向かって遺族扶助料を与えねばならぬ。今の法律が単に正式の届出がないという一理由でこれを与えないことにしているのも不都合だと考えている……。

――それじゃ内縁の妻がほかの男と密通したとしたら、君はむろんこれを姦通とみるのだろうね？

――ウン。むろん道徳的にいえばそうさ。いやしくも社会的に夫婦たる以上まだ届出がないからといって、姦通密会勝手たるべしという法はないさ。しかし裁判所が刑罰をもってこれに臨む段になるとなかなかそう簡単にはいかない。なぜならば、いよいよ刑罰を科するというのであれば、裁判所もよほど慎重に調べて、はたして夫婦関係ありしや否やを判断しなければならない。ところが届出があったというような確かな事実があればともかく、それ以外の証拠でこれを判断する段になると、結婚と婚姻ならざる男女関係との区別がなかなかつきにくい。裁判所としてはずいぶん閉口するに違いないね……。

——それはそうだろう。

——だからさ。現行法が内縁の夫婦関係を認めない、届出がない以上、夫婦の取扱いを与えないことにしているからといって、必ずしも一概に非難はできない。少なくとも姦通罪のごときは届出のあるいわゆる法律上の妻についてのみ成立しうるものとしておくほうが危なげがないように思われる。むろん実をいうと、いったい姦通罪のような特別の犯罪を規定しておき、刑罰の力をかりてまで妻の貞操を維持しようなんていう考えには僕は根本的に反対なのだ。そんなことはそもそも道徳に一任すべき問題で、刑罰の力をかりるべき事柄じゃない。だから先年、婦人運動の人たちが現行刑法が妻の姦通のみを罰して夫の姦通を罰せぬのは不都合だから両者を平等に取り扱えという趣旨の請願を議会に出したことがあるが、僕にいわせると同じく平等にするならば姦通罪を全廃するほうがいいと思うのだ。むろん、それは決して妻たり夫たる者はすべて姦通勝手たるべしというのじゃない。ただ刑罰法をもって臨むべき事柄じゃないというだけのことだ……。

——ウン、それはそれでいいが、話がだいぶ横道にそれたから、また本筋へもどろうじゃないか。法律は本来杓子定規なるをもって特色とするという君の議論に……。ともかくその点の君の議論だけはだいぶわかってきたのだよ。しかし今日の君の議論をきいていると、法律は元来杓子定規なものだということばかりが変に強調されて、君のいつもの自由法論的ないし法律社会化論的の持論とだいぶあいいれない点があるように思われるがどうだね？

——そうかもしれない。しかし僕は決して単純な自由法論者じゃないよ。社会の実状に応じて法律を合理的に解釈しようという自由法論にもむろん同情をもつ。また法律の内容をもっと社会化し道徳化しようという議論にも大いに賛成だ。けれども、自由法論にしても法律社会化論にしても裁判規範としての法律は畢竟裁判の公平を保つための尺度にほかならぬ。したがって根本において多少とも杓子定規的の本質を有することはどこまでいっても否定することができない……。

——それはそうだろう。元来、物差しは伸縮せざるをもって特色とするからなあ。

——そうだ。われわれはむろん裁判規範たる法律をしてできるだけ社会規範に近づけようと努力しなければならぬ。しかし、裁判規範の本質上いかに近づけようとしても近づきにくい最小限度の距離が残るということを覚悟しなければならない。法律家の任務はそのできるだけ近づけようとする努力とそのとうてい近づきにくい最小限度の距離いかんを知ることにあるのだ。そうでなくて、ただやたらに法律を社会化しろというのでは全く学問にならんのみならず、本質上近づきにくいものをむりに近づけようとする、いわば全くの徒労を試みることになるからね。

三

——よろしい。君の議論は議論としてまあわかったが、いったい人間はなぜそう公平に裁判をしてもらうことを希望するのだろう。一つ一つの具体的事件が納得のゆくように妥当に片づきさえすれば、甲の事件と乙の事件とが同じ物差しではかられたとか公平に裁判されたとかいうようなことを考える必要は少しもないじゃないか？

——ところがなかなかもってそうでないのだ。メーンの『古代法』によると、なんでも昔ホーマーによって書かれている古代ギリシャにおいては人々はただ神宣によって裁判されたということだけで満足した。神さまの思召でありさえすれば、それが公平とか公平でないとかいうようなことは全く考える余地がなかったのだね。ところが後になるとだんだんその思想が変化して、神宣それ自体も漸次先例を追って同種の事件はなるべく同様に裁判するようになった……。

——なるほどね。そうしなければ第一神さまの信用が保たれないからなあ。

——そうだ。神宣でありさえすればなんでもかでもありがたくお受けする思想が、だんだんに消え失せて、ついにはわれわれを裁判する者も畢竟人間にすぎないということに気がつき、しかもその人間もわれわれ人民と違った特別上等の人間ではなくて、同じように全知全能でもなければ公平でもないということに気がついたが最後、人々が彼らに向かって裁判の尺度たるべき法律を与えてこれを守るべきことを要求するのは至極もっともだといわねばならない。

——そうだとすれば、殿さまだとか武士だとかいうものを普通の人民と違って特に上等な人間だと考える思想がなくなり、裁判官もまたわれわれと同じ人間だということがわかってくればくるほど、人々は法律によらざる裁判では承知できないことになるというわけだね。

——大いにそうだ。その昔封建の世の中では殿さまや武士を一段上等な人間と考えていたから、彼らの裁判でさえあればまずまず人民を納得させることができた。ところがだんだん眼がさめてみると、現実の不公平に気がつく、それがたまらなくなる。そこで封建的専制を破壊した際、まず第一に要求したものの一つは「法の前に平等」という法治国的制度の樹立だ。

——それだね？　例の「人権宣言」の中に「すべての人間は法の前に平等だ」とか「法はすべての者に対して同様だ」とかいっているのは？

——そうだ。専制政治を打ちこわした人間にとっては、平等公平が何よりも大切なことだったのだ。裁判にしてもその内容が具体的に妥当なりや否やを問題にするよりはむしろほかのものにくらべて公平に裁判されたりや否やに重きを置いたのだ。

——ところが近来、自由法論者などはしきりに「具体的妥当」ってなことをいうじゃないか？

——むろんいうさ。なにしろ今ではもうフランス革命を去ることすでに百数十年、人々はもう専制裁判の不公平を恐れることを忘れてむしろ具体的事件が妥当に合理的に裁判されることを希望するに至った。さればこそわが国にしても旧刑法第二条にあった「法律に正条なき者は何等の所為と雖も之を罰することを得ず」というフランス革命式の文句はもはや取り去られて、裁判官の見込みしだいで——いわば犯人の悪性反社会性いかんによって、同じ犯罪にしてもかなりひろい刑の量定が許されることになった。すなわち刑罰の目的を合理的に理解してそれが適当なる実現を裁判官に一任するという考えが新刑法の根底に置かれることになったのだ。

——すると新刑法は従来にくらべると大いに裁判官を信用することにしたのだね？

——そうだ。例えば旧刑法によると、「予め謀って人を殺したる者は謀殺の罪と為し死刑に処す」とか、「故意を以て人を殺したる者は故殺の罪と為し無期徒刑に処す」とか一々細かに規定してなるべく裁判官の自由裁量を許さなかった。しかるに新刑法は同じ殺人にしてもいろいろ軽重の差があるから、法律としてはただ「人を殺したる者は死刑又は無期若くは三年以上の懲役に処す」とひろく規定して、細かいところはすべて裁判官の自由裁量に一任したわけさ。

――フーン、考えてみるとなんだか危ないような気もするね。

――もっぱら裁判官の不公正を恐れたフランス革命式思想をもってすればね。

――全く。だが現代人はその不公平を恐れるよりもむしろ具体的に妥当な裁判を希望するというしだいだね。

――そうだ。ところが現代人の中にもまだなかなか裁判官を信用しない人がいる。しかもそれが変なところにいる。例えば先日など例の○○老人がやってきてね。将来、良習美俗をおこすためには大いに法律を改正せねばならぬ。第一、今の刑法は他人をなぐってけがをさせたような場合に、それが親であろうが他人であろうがみな一様に「十年以下の懲役又は五百円以下の罰金若くは科料に処す」と規定しているが、あれではいかん。親を傷害するがごときは特に不都合きわまるというゆえんを法典の中に明示しなければならぬ、とこういうのさ。

――大いに結構じゃないか。それで君はなんと答えたのだい?

――お説はごもっともだが、そこの裁量はすべて裁判官に一任するのが現行刑法の考えで、親を傷害したような場合はむろん裁判官も重く罰するに違いないから差支えあるまい、と答えたのさ。ところが先生のいうことがすこぶるおもしろい。裁判官に一任するのもよいが、どうも近頃の裁判官の中には、なかなか新思想にかぶれた者も多い様子だから、どうも心配でならぬ。やはり法律で親を傷害した者は特に重く罰するという主旨を明示したい、とこういうのだよ。

――それで君はなんといったのだい？

――そう裁判官が信用できないのなら、もう人間を裁判官にすることはやめて、「悪性測定器」をこしらえて犯人の悪性をはかった上、それと法律文とを一緒にいれてぐるぐるっとまわすと自然に「裁判」のできる「自動裁判製造器」を発明するといいといってやったさ。

――ひどいことをいう男だね。が、まあそれでいいとして、民法のほうについてはそういう傾向はないかね？

――それは大いにある。近頃の法典にはしきりに「善良の風俗、公の秩序」とか、「相当の期間」とか、「重大なる事由」とか、いろいろあいまいな文句が使ってあって、万事を裁判官に一任する傾向がみえる。のみならず、このごろやかましい自由法論なども、結局、封建的専制裁判を打ちこわした人々の考えたような「法の前に平等」を要求するよりも、個々の事件に向かって具体的に妥当な裁判をするほうが司法制度本来の目的にかなうという考えから生まれ出たのだね。またこのごろ東京、大阪あたりではしきりに借家、借地の調停ということをやっているだろう。当事者双方がだいたい納得しさえすれば必ずしも法律に従って裁判する必要はない。当事者もむしろそれを希望するというところに、あの制度の事実行われる根底があるのだ。

——すると、あれなども「法の前の平等」ならんよりはむしろ「具体的に妥当」なることを希望する現代人の司法思想の現われだというのかい？

——そうだ。近来、わが国のみならず欧米諸国でも、しきりに調停制度が流行する。その根本はどうしても今君のいった現代思想にあるのだと僕は考える。

——それじゃ君は、今に今日の「法律による裁判」が全くなくなって調停や仲裁がその代りになると思っているのかい？

——いや、そうは思わん。調停も大いに行われるだろうが、「法律による裁判」も依然として長く必要だ。ことに裁判官もわれわれと同様、過失もあり公平を欠くこともありうる人間である以上、その裁判を乞う場合にはどうしても「法律」という一定の尺度をもってやってもらわねば困る。それで、僕は今の裁判所の構造についてもこんなことを考えている。今の調停所と裁判所とをすぐ隣り合わせに建てる。そうして事件がきたならばまず調停所にもってきて大いに妥協をすすめる、だいたいまとまりそうなところを原案に出して当事者双方の同意を求める、その結果、和解が成り立てばよし、もしも成り立たなければ、「それでは仕方がないから法律によって裁判してもらうことにする」といって、隣室に導くと、そこが裁判所になっていて、いよいよ「法律によって裁判」をするという仕組みにしておく。そうすれば事件はずいぶん迅速かつ妥当に片づくに違いないね。

——そいつは大いに名案だが、そんなことをすると弁護士が乾上がるぜ。

——ウン、だから弁護士は必ず反対するよ。今の調停裁判にしても弁護士の間にはなかなか反対が多い。法律によらずに裁判をするのはけしからぬって、なかなか猛烈な反対だ。

——それは調停がさかんになると訴訟が減って飯の種がなくなるからだろう？

——それもむろんあるだろう。けれども、もっと善意に考えても、今日の法律家が一般に考えているように、世の中の現象はすべて法律によって規律された法律現象だから、それを裁判するにしても、すべて法律の規定どおりに取り扱わなければいかぬ。国家が法律によらずして裁判をし、当事者の同意されあれば法律などにかかわらず事を片づけてしまうようでは、世の中の秩序が保てぬ、というような思想の持ち主はすべて調停制度に対してあまり好感をもたない。弁護士の反対も要するにその一例だと僕は思う。

四

――君は今、世の中のあらゆる現象が法律によって規律された法律現象だと考えるのは間違いだというようなことをいったね？

――いった。むろん細かにいうと、世の中の現象にも法律においてのみ意味をもつものとしからざるものとがある。例えば、選挙なんていうことは選挙法に従ってやるによってのみ選挙としての意味をもつ。ちょうどテニスとか野球とかいうようなものは、ルールに従ってやるによってのみ初めてテニスともなり野球ともなるように。ところがわれわれがとうふを買うとか金を借りるとかいうようなことは、あえて法律をまつまでもなく、それ自体意味をもっている。法律家にはそういう現象まですべて法律現象にみえるというのだからずいぶん因果な話じゃないか？　例えば僕が一五銭出して敷島を買ったとするぜ。その際僕と煙草屋との間にはただ一五銭と敷島を交換したという一個の経済現象があったにすぎない。僕は少しも法律上の効果がどうのこうのというようなことを考えやしない。ところが法律家にいわせると、僕はまず、「オイ、敷島を一つくれ」ということによって契約の申込をなし、煙草屋はまた「ヘイ、かしこまりました」とかなんとかいうことによって承諾をした。そうして僕は煙草屋が敷島をくれることを対価として金一五銭を支払う債務を負担すべきむねの意思を表示し、煙草屋はまた金一五銭の支払を受けることを対価として敷島一袋の所有権を移転すべきむねの意思を表示したから、当事者双方の意思が合致して契約が成立した。その効果として僕は一五銭を支払うべき債務を負担し、煙草屋はその代償として敷島の所有権を移転する債務を負担する。そうして僕が一五銭をほうり出したときにその所有権が煙草屋に移り、また煙草屋が僕に敷島を渡したときに当事者双方の間にその所有権の移転を目的とする物権契約なるものが成立して所有権は僕に移ったと考えるのだ。

——ヘエ。こいつは驚いた。ずいぶんややこしいじゃないか？　煙草を一つ買うだけでもそんなに複雑な法律関係がみえるのでは、うっかり法律家などにはなれないな。いったい——君も法律家のはしくれとして生きている以上——やっぱり世の中の万事がそんなふうにみえるのかい？

——法律家のはしくれは少々恐れいるが、みようと思えばみえるよ。ただしふだん万事がすべてそうみえるというわけじゃないよ。

——それではどういう場合にそうみえて、どういう場合にそうみえないのだい？

——ふだん、あたりまえのときには、まずそうみえないさ。考えてみたまえ。例えば電車が運転しているのをみると、電車が運送契約の申込を積んで走っているのだと考えたり、自分がそれに飛び乗るとその瞬間に運送契約が成立して、債権債務の関係が発生したのだと考えたりしていた日にゃとてもうるさくって生きてられやしないぜ。

――いくら法律家でもむろんそうだろうな。

――そうさ。ああいう考え方というものは、裁判所がある事件を裁判するときに自分の裁判は決して自分一人の独断から発したものではなく、立派に法律によって論理正しく裁判したものだということを示すための考え方ないしは説明方法にすぎないのだ。それで裁判所を相手にする弁護士も便宜上そう考えたり説明したりするし、法律の教師や生徒も同じような考え方をするが、畢竟裁判所が法律によって裁判したのだということを示すための考え方ないし説明方法を教えたり習ったりしているにすぎないのだ。ところが習慣というものは恐ろしいもので、職業上いつもそういう考え方をしているうちに、後にはその単なる考え方、説明方法にすぎないいわば思惟の上の過程にすぎないものが実在の社会現象としてみえてくるのだね……。

――自分だけにそうみえてるうちはまだいいが、ほかの人間に同じようにそうみえないのは法律を知らないためで、いわば無知の致すところだというような顔をするにはかなわんよ。

――まさか、そんなこともあるまいが、とにかく自分が論理上推理のつじつまを合わせるためにやるところの思惟の過程にすぎないものを、なんだか実在の社会現象のように考えて日常生活においてまでも万事をそういうふうに考えたがる傾向のあることは事実だよ。例えば、君と僕とが禁をおかして賭博をしたとするぜ、その結果、僕が勝って君が負けたとする。むろん君は約束しただけのものは払うだろうな。

——むろん武士に二言なし。もちろん払うさ。

——ところがかりに君が払わないとする。僕が君を裁判に訴えたとしたら、裁判所はどうすると思うかね？

——むろん二人とも賭博罪として牢屋にぶち込まれるだろう。

——いや、牢屋にぶち込まれるかどうかは別問題として、僕が君に対して起こした訴えはどう扱うと思うかね。民法によると善良の風俗または公けの秩序に反する事項を目的とする法律行為は無効とするとあるから、むろん僕の訴えは負けるのだよ。ところでその賭博契約は法律上無効だということは賭博はいくらやってもなんらの債務をも生ぜしめるものではない、という意味に君は解釈するかい？

——そんなことはないさ。いやしくも男子が約束した以上、法律はともかくとして道徳上大いに債務を感じるよ。

——そうか。そいつは大いに見上げたものだ。ところが法律家の中には君のように考えない人間がときどきいるぜ。法律上無効だということは社会上においてもまた全く「無」であると考えて、契約の履行を拒絶するのはあたりまえだと考える人間がね……。

――なるほどね。しかしそう聞いてみると法律家の考え方にも一理あるように思えるが、いったい君はどう考えるのだい？

――僕の考えでは、法律がいかに禁じようとも、いやしくも約束した以上それを守る義務のあることは疑わない。だからあやまちにしろいったん賭博をやってしまった以上、あとから法律を盾にとって支払をこばむなんていうやつは武士の風上に置きがたい。博徒仲間ならばまずすのこ巻きにあう手合いだ。ところでそれにもかかわらず法律が賭博契約を無効だというのは、決して社会的にそういう義務がないということをいっているのではない。いくら国家や裁判所にしても、社会上あるものをないことにしたり、ないものをあることにしたりすることはできない。裁判所は――社会上あるかないかはまず別問題として――ともかく国家としてはそういう義務の強制履行のお世話はいたしがたい、というのがいわゆる「法律上無効」ということの意味だ。

――すると、君の考えによると、社会上存在する義務でも、裁判所では全くその強制履行の世話をしないものがある、というのだね。

――そうだ。社会上ある義務が存在するや否やと、国家がその義務の強行に向かって助力を与うるや否や、少なくともその強行を是認するや否やとは、全く別問題だというのだ。フランス革命前後に出来上った国家万能の思想は、国家に妥当しないものは全然その存在までをも否定していいという考えを作り上げた。ところが——君も知ってのとおり——第一九世紀になると、国家と社会とは別物だという、いわゆる「社会の発見」という新しい思想が生まれ出た……。

——新しい思想が生まれ出たというよりは、ルソーあたりの国家万能思想によって一時おおいかくされていた「社会の実在」が再び見出されたというほうが適当じゃあるまいか？

——むろんそうだ。「社会」は前後を通じて同じように存在したのだ。ただ一時、国家万能思想のためにその存在がかくされていた。ところが国家もまた万能ではない、国家はただその実力の範囲内においてできることのみをなしうるのであって、たとえ国家といえどもその実力上できないことはできない、また国家の本質上、国家の力をもってすることが適当でないものは、国家の手出しすべきかぎりでない、ということに気がついてみると、われわれはどうしても国家のほかに社会の存在することを認めざるをえなくなったのだ。

——それで、その思想と——さっきいった——社会上存在する義務にして国家の保護せざるものがあるという考えとの間には、どういう関係があるのかね？

——それは、今もいったとおり、国家がその実力上できないこと、およびその本質上しないほうがいいこと、それらのことは国家としてむしろ手出しをしないが適当である。その適当であるかどうかの価値判断をすることがもっぱら国家の仕事であって、社会上ある義務が存在するや否やは国家がかくしてみずから手出しをすることを適当と考うるや否やに関係なく、独立して決まるべき事柄だ、というのだ。

——変に理屈ぽくって少々わかりにくいから、少し例を引いて説明してくれないか。

——よろしい。まず第一に、今の世の中の人間は、いやしくもみずから約束した以上、必ずこれを守るべきが人の道だと心得ている……。

——いや、近頃はそうそう義理がたい人間ばかりでもないぜ。

——しかし、その義理がたくない人間でも、みずから約束したことは守るべきが人の道だということだけは知っているものとみていい。ただ、彼らはその人の道だと思うことをみずからは実行しないだけのことだ。ところで、その約束を守らねばならぬという考えが今の世の中を支配している以上、先ほどもいったとおり、例えば賭博をした人間はいやしくも負けた以上、約束どおり支払をすべきが人の道だ。賭博は犯罪であって国家の認めざるところだから支払の義務がないなどというやつは、ともに齢いすべからざる卑劣漢だ。また淫売を買うことの悪いのは誰しも知っている。国家がこれを罰することも知っている。淫売を買っておきながら払いをしないやつがあるとして淫売のほうから裁判所に訴えても裁判所はそれをとりあってくれない、ということも誰しもよく知っている。それにもかかわらず、いやしくも淫売を買っておきながら、事後において国家の法律を盾にとって支払をこばむやつがあるとすれば、世の中の人間は決してこれを善人なりとはしない……。

——むろん、そうだろう。

——だから僕は、世の中に「約束を守らねばならぬ」という考えが根絶しないかぎり、国家がその約束の強行に骨折ってくれるや否やに関係なく、社会上独立して義務の存在しうることを認めねばならないというのだ。それからまた別の例を引くと、君は東京に第一高等学校という古い学校のあることを知っているだろう。

——知ってるとも。あの伝統的な特殊の習俗を持続するをもって誇りとしてる……。

——そうだ。ところで、あの学校には昔から伝わっているいろいろの規則がある。やれ遊里に足を入れると鉄拳制裁に付すとか、垣根を乗り越えると禁足に処すとか、いろいろ規則があって、ともかくもあの特殊社会の秩序が維持されているのだ。それで今かりにあの学校の生徒の一人が暗夜に乗じて垣根を乗り越えたところを運悪く寮委員につかまって、とうとう禁足をくったとするぜ。あの学校の規則からいえば——その規則が世の中一般からみて妥当なりや否やは別問題としてともかく——当然の処罰だ。ところが、その生徒のおやじが弁護士だとして、息子可愛さのあまり「日本臣民は法律に依るに非ずして逮捕、監禁、審問、処罰を受くることなし」という憲法の明文を盾にとって禁足の解除を国家の裁判所に訴えたとしたらどうだい？

——さあね。国家内のあらゆる秩序は国家の法律によってのみ維持せらるべきだという国家万能論的の考え方からいえば、むろん裁判所は禁足の解除を命ずべきだろうね。

——僕もそう思う。なにぶん垣根を乗り越えると禁足に処するなんていう規則はただ伝統的にあの学校にある規則にすぎない、国家の許可を経た規則じゃない、いわんや鉄拳制裁などはむろんだ。だから国家として国法によらざる禁足は不法監禁だといってその解除を命ずるに違いないと僕は考えるのだ。

——ところが、そうなると、あの学校の秩序は全く維持されなくなるね？

——そこだよ。あの学校が一個独立の社会を形作っている以上、それ自体また独立の秩序を有し秩序維持の力をもっている。その秩序維持のため行うところが国家的見地からみて、穏当なりや否やを判断することは、国家の力として当然なしうるところに違いない。けれども、もしも国家がみずから作り、またはみずから認可したるにあらざる一切の規則はすべてこれを認めない、という態度をとり、その規則の執行のすべてを不法視するの態度をとったとして、はたしてその規則によって秩序を維持されている小社会の内部はうまくゆくと思うかい？　むろん思わないだろう。だからさ、国家が認めると否とにかかわらず、いろいろの社会にはそれぞれいろいろの規則があり、そうしてそのおかげでその社会の秩序が維持されている。むろん国家の裁判所は国家的見地からそれらの規則およびその実行方法の穏当なりや否やを判断することはできよう。けれども、もしかかる規則はすべて国家の法律ではないから一切これを認めない、というたならば、かかる各種社会の秩序は全く破壊されてしまう……。

——それは全くそうに違いない。

——それと同じことは、農村において今なお一般に行われている「村八分」とか「村はずし」とかいうような伝統的の秩序維持方法についてもいえる。農村には古来の習慣でいろいろの規則がある。やれ鎮守さまのお祭だから金を出せとか、道普請だから働きに出ろとか、必ずしも国の法律によらないいろいろの伝統的な負担がある。ところで今、例えば東京で少しばかり法律を学んだ男が新たに村に移り住んだとするぜ。村の者がその男に向って鎮守のお祭だからきまりの金を寄附しろといったところ、男はいっかな応じない。かくのごとき寄附金は国家の法律の規定するところでないから払う義務はないというのだ。仕方がないから村の者はその男を裁判所に訴えて寄附金の支払を強制したとするぜ。その場合、裁判所はどんな裁判をすると君は思うかね？

——さあ、よくはわからぬが、おそらく裁判所は原告の請求相立たずとやるだろうね。

——そうだ。僕もそう思う。なにびとといえども契約によらずまた法律の規定によらずして義務を負わされることはない。かくのごとき村の慣習は法律ではないから、これによって当然新移住者に寄附金の義務を負わせることはできないというに違いないのだ。

——しかし、理屈はそうに違いないが、実際は困るね。第一、そんな理屈をいうやつがたくさん出た日には村の平和はとうてい保たれやしない。村のほうでもだまっているわけにゆかないから、必ず例の「村八分」をくわせてその男をボイコットするに違いない。

——ところが、そのボイコットされた男が、かくのごとき共同絶交は不法の私刑を行うものだから刑法上脅迫罪になるとか、または民事上不法行為になるとかいって裁判所に訴えたとしたらどうだい。

——さあ、困るね。

——困るが裁判所としてはなんとかせねばなるまい？　それで今まで大審院はこういう事件に対して、部落民の多数が協力同盟して絶交を行うのは被絶交者の社交上活動しうべき自由を妨げ、その社会より受くべき声価を受くることをえざるに至らしめるものだから、脅迫罪を構成するという判決をしたことが数回ある。また不法行為になるといって損害賠償を命じたことも一、二度ある。

——なるほど。するとその村じゃ悪人栄え善人亡ぶというしだいだね？

——そうだ。ところが大審院としても事柄の性質上そうなんでもかでも「村八分」は不法だ犯罪だといってしまうのはいささか気がとがめるとみえるのだ。それで一度などは「絶交は実際上種々なる事情の下に行はれ、其原因も亦区々にして一定せずして、背徳の行為又は破廉恥の行為に対する社交上道徳上の制裁として一般に認められたる所なれば、多衆共同の絶交が正統なる道義上の観念に出で、被絶交者が其非行に由り自ら招きたるものなるときは之に対して救済を与ふるの必要なく、絶交者が之に依りて被絶交者をして義務なきことを行はしめ又は行ふべき権利を妨害したる場合、又は其絶交が正当の理由なきときは、茲に初めて違法性を有することとなる」といって、あの程度の私刑は差支えないと判決したことさえある。

――なるほどね。それはたしかに名判決だ。

――ウン、僕もこの判決にはなかなか味があると考えている。とにかくたとえ国家の法律によらない社会的制裁といえども「正統なる道義上の観念」に出たものであれば差支えないというてこれを是認しているところは大いにいい。しかし個々の具体的事件についていかなる場合に法律によらない社会的制裁を是認すべきかの問題はなかなか困難な問題で、結局はかかる私的制裁を禁止してこれに代えるに国家的干渉をもってするほうが村の正しい秩序を維持するに適するか、または国家的干渉をさしひかえて村内の自治的制裁を是認し、または少なくともこれを習慣のままに放任したほうがいいかの比較考量によって事を決めなければならない……。

――全くそうだ。今日、農村における国家の警察力がいかに微弱なるかを考えてみても、農村における秩序維持を国家の一手に引き受けようとするがごときは、きわめて無謀だといわねばならない。

――ところが今日、国家万能論者の中には、むやみと国家の手をひろげて事実みずからの手ではできないことまでも、その縄張内にかきこまないと承知しない連中が多い。この連中にはよほど反省してもらわないとかえって国内の秩序が乱れるよ。

――要するに、国家はよくみずから省みてみずからの力を知り、みずから及ばざるの点は、すべてよく他のものを信じてこれに一任するの雅量をもってこそ、かえって国内の万事がうまく動く。法律などでやたらにいろいろなことを権柄ずくに決めてもうまくゆくものでないというのが君の意見なのだね？

――まあそうだ。

五

――どうも君の話をきいていると、世の中は世の中、法律は法律で、お互いにあまり深い関係がないもののように考えられてならんね。

——そんなことはないさ。僕だって法律の善悪はただちに世の中に向かって甚大な影響を与えることを信じている。法律の社会改良力を否定するものではない。ただ従来ややともすれば、法律万能、国家万能の法律学者や為政者が、法律をもってし国家の命令をもってしさえすれば、世の中万事をすべて意のごとくに変え動かすことができるように考えてる、その考えがあまりに単純にすぎてばかばかしいということを信じているにすぎないのだ。

——しかし、君はそういうが、国家がある一定のことを規定し、裁判所その他の国家機関がこれに従って裁判その他の処分をやりさえすれば、世の中もむろんおのずからそれにつれて変わるだろうじゃないか！

——むろん相当には変わるさ。しかし法律が変わったからといってその結果必然に変わるものは裁判所の裁判その他国家機関の行為にすぎない。さらにその影響を受けて世の中が変化するや否やは別問題だ。たとえ変化したとしても、それは単に間接の効果にすぎないのだ。見たまえ、例の権利株の売買は商法上明らかに禁止されている。したがって裁判所もまたこれを無効なりとして取り扱っている……それにもかかわらず世の中では平気でさかんに権利株売買をやっているじゃないか？　また恩給や年金を質に入れてはいけないと法律は明らかに規定している。しかし高利貸の門口には公然と「恩給年金御立替所」と看板を出しているじゃないか？

——そうね。一時にまとまった金のいる場合にはたとえ法律をくぐってでも恩給、年金を質に入れて金を借りねばならぬのは人情だからな。しかし、いったいあいつらはどうして法律をくぐっているかしらん。

——それはね、むろん真正面から法律をくぐって恩給を質に入れたりすれば裁判所もむろんこれを無効なりと裁判するよ。そこであの連中が高利貸から金を借りる場合には、恩給証書に委任状をつけて取立の代理を委任するような形式で、これを相手に渡してしまうのだ。そうするといよいよ債務者が金を返さない場合には、高利貸はその委任状を使って恩給金をとってしまう、また債務者のほうでは恩給証書が手元にないから、金を返してしまわないかぎり、いつまでたってもみずから恩給をとることができないというわけだ。

——なるほど、それには債務者も困るだろう。

——ところが債務者も近頃ではずいぶんひどいことをするらしいね。恩給証書はそのまま高利貸に預けておいて金は返さず、そうして「恩給証書を亡失し又は毀損したるときは其の事由を具し証拠書類を添へ裁定官庁に其の再交付を申請することを得」という規定にもとづいて証書の再交付をしてもらうのだ。そうすると、高利貸の手に渡っている今までの証書は恩給法の規定によって当然その効力を失う。その結果つまり高利貸は後生大事に握っていた証書をやすやすとフイにされてしまうわけなのだ……。

——なるほど、そいつはひどいね。しかし恩給局でもそうやすやすと再交付はしなさそうなものじゃないか？

——むろん理屈はそうあるべきだ。しかもうわさによると恩給局でもこの点は十分のみこんでしかるべくやってくれるのだという話だよ。つまりこうでもしなければ、いくら法律で恩給の質入れを禁じていても、事実その目的を達することができないから、やるのだろうね。

——フン、やるね。しかし、そいつは「目的は手段を美化する」という筆法かもしれないが、ずいぶんはげしいじゃないか、まるで、債務者と恩給局と共謀して高利貸をだますようなものだが、よく高利貸はだまってるね。

——だまっていたいわけでは万々ないが、まさか「私は恩給法の禁止を破って恩給証書を質にとりましたが云々」と、大手をふって小言をいってゆくわけにもゆくまいじゃないか？

——それもそうだな。

——ところが、法律があることを禁止する。世の中の人間はまたなんとかしてこれをくぐろうとする。その間の競争にはずいぶんおもしろい話がたくさんあるよ。

——フン、そいつをぜひ一つ二つききたいな。

——よろしい、話そう。君はいったいあの芸者と芸者屋との関係はどうなってるものか知ってるかい？

――あたりまえの雇傭関係だろう？

――そんなことはないさ。あいつらお互いにお母さんだとか姉さんだとかやってるじゃないか？

――しかし、あれは毎日一緒に住んでいる便宜上……ちょうどまあ子供らが隣家の主人や奥さまのことをおじさんおばさんといっているような調子で便宜上いいならわしているんじゃないかい？

――むろんそういうのもあるらしい。しかし実際に法律上親子であり姉妹である場合が多いから驚くのだよ。

――それはまたいったいどういうわけだい？

――それはね、だいぶ前のことだ。裁判所が芸者や女郎にするために前借金で人を雇うのは善良の風俗に反するから無効だという裁判をしたことがあるのだ。そうすると中には前借金はそのまま踏み倒してどんどん自由廃業をやってしまうようなやつがポツポツ出てきたというわけだ。

――なるほど、そいつは芸者屋にとって大事件だ。大事な財産に逃げられるわけだから。

――ところが芸者屋のほうでもだまってはいないさ。雇人にすることが悪いのならば、ひとつ養女にしてやる。幸い民法には養女の数に制限がない。十人しようが百人しようが少しも差支えない。その上「養子と為るべき者が十五年未満なるときは其家にある父母之に代はりて縁組の承諾を為すことを得」という規定のあるのを幸い、芸者屋は子供の親たちと相談の上養子縁組を締結するのさ。むろん養子縁組というと体裁がいいが、事実はこうやって子供の売買をやるのだ。こうしておけば芸者らはすべて自分の子だから親たるものはこれに向かって大いに親権を行うことができる。芸者屋にとっては大いに安心だというしだいさ。

——なるほどね。元来、祖先の祭祀を絶たないための制度だという養子制度もずいぶん変なところに役立ったわけだね。

——全くだ。ところが最近これでも芸者屋はなかなか安心しているわけにゆかないことになったのさ。つまりこの二、三年このかた裁判所では、いったい養子縁組というものは真に親子の関係を作る目的であるべきものだから、単に芸者たらしめる目的で養子縁組をなすがごときは制度元来の精神に反する、したがって無効だという裁判をやることになったのだ。

——裁判所たるもの大いに人道ぶりを発揮したわけだね。

——まあそうだ。ところが世の中はなかなか思うようにはゆかぬもので、裁判所のこのおもわくもまんまとはずれてしまったのさ。裁判所ではそういう養子縁組を無効にしてやりさえすれば、養女名義で実は醜業を営まされている憐むべき女性らを地獄から救い出せると善良にも考えたのだ。ところが世の中には悪いやつがいるね。裁判所がせっかくこういう動機から縁組を無効にすると、今度は芸者の実父母がこれをいいことにして、ひどいことをするのさ。すなわちいったん自分の子をある芸者屋に養女名義で売っておきながら、やがてたつと、芸者となすの目的をもってする養子縁組は法律上無効だ、したがってあの子は当然自分の親権のもとに立てるわけだからという理由で、幼児引渡請求の訴えというやつを起こすのだよ……。

——そうすると、裁判所としてもどうもその訴えを認めざるをえないというわけだね。

——そうだ。

——そうすると、これも春秋の筆法をもってすると、さっきの高利貸の場合と同じように、おやじと裁判所とが共謀して芸者屋をだましたという結果になるね？

——まあそうだ。ところが単に芸者屋をだましたというだけのことならまずいいとして、これが芸者本人にとってすこぶる気の毒なことを惹起するのさ。裁判所の説によると、芸者とするための養子縁組は無効だ。それは事柄それ自体はまことに結構だが、そうなると喜ぶのは実のおやじさ。もはや一度自分の子を芸者に売ってしまうようなやつだから、この判決例のできたを幸い、これを盾にとってまず芸者屋から子を取りもどした上、さらにまたこれを第二の芸者屋に売り渡す。つまり裁判所の親切な判決が鞍替えの道具に使われるというしだいさ。

――なるほど、そいつは困りものだね。芸者にしたってたとえ養父母にしろ、とにかく相当年月の間一緒に住んだ芸者屋のおやじたちや姉妹にあたるほかの芸者たちに向かって相当の親しみを感じているに違いない。自分を売るような実父母、しかもそれは多くの場合ひどい貧乏人に違いない。その実家に帰ったり、またその上ほかへ鞍替えなどさせられるよりは、そのまま養父母の家にいるほうが幸福に違いない。そうなると裁判所の親切かえってあだとなるわけだね。

――そうだ。それで裁判所もこれにはよくよく閉口したに違いないが、どうもほかに名案がない。ところがつい近頃、なかなかうまいことを考えついた裁判所がある……。

――フーン。裁判所と芸者屋の知恵くらべというわけだね。

――芸者屋じゃない、芸者の実父との知恵くらべさ。つまりさっきいったとおり芸者の実父から芸者屋に向かって「芸者となすの目的をもってする養子縁組は法律上無効だから子供を自分に返せ」といってかけあったのだ。ところが芸者屋のほうでもそうやすやすと応じない。そこでおやじのほうではとうとう芸者屋を相手どって「幼児引渡請求の訴」なるものを起こしたのさ。今までならばこの場合、おやじは当然勝って子供を取りもどした上、さらにまたこれをほかに転売することができたのだ。ところが今度裁判所はなかなかうまいことをいったよ。三つとか四つとかいうごく幼少な子供ならばともかく、もう十五、六にもなってみずから勝手にどこにでも行くことのできる子供のことだから親権の効力として直接その子に対して居所を指定する形式で子を相手取って訴えるのならばともかく——その子供を訴えずに芸者屋に向かって子供を引き渡せと訴えてもだめだ。「私どもでは別にあの子をむりに引き止めているわけではありませんが、あの子がああして家にいたがるかぎり、しいて追い出すわけにもまいりません。よほどほしくば直接あの子に向かってかけあってくれ」と芸者屋が抗弁する以上、このほうが筋が通っているというわけで、おやじはとうとう負かされてしまったのさ。

——なるほど、それでまず今日のところ芸者となすの目的をもってする養子縁組は無効だが、芸者みずからがそのままつづいていたいと考えれば、おやじがむりに連れて帰るわけにゆかないというところに、事がおちついているしだいだね。

——まあ、そうだ。

——こうきいてみると、法律でいくらいろいろの禁止をやってみても、世の中のほうではまたそれぞれくぐる道を考えるので、事実はなかなか立法者の予想したようなことにならない、ずいぶんむずかしいものだね。

——そうだ。いくら政府が工場法その他の法規を完全にして工場を取り締り、職工を保護しようと考えても、直接工場を取り締って法律の実施を期すべき工場監督制度が完備しないかぎり、事実においてはなんらの効能もない。なるほど職工みずから裁判所に不法を訴えるという道は開けているだろうけれども、元来時間と金に余裕のない職工にどうしてそんなことができるものか？　またうっかり工場主を訴えたりなどすれば解雇されるに決まっているから、むろんそれもできない。その結果、法律上救済保護の道が開けていても事実上なんの役にも立たないという不都合な結果におちいるのさ。

——そうね。今の裁判所は貧乏人にとってはほとんど役に立たんものだからな。

——そうだ。ところがそういう例はほかにもたくさんあるぜ。民法によると妻は夫に虐待された場合に離婚の訴えができると規定している。大いに妻を保護するつもりの規定に違いないが、実際はあまり保護にならない。というのはわが国現在の実状では、妻は多くの場合無産者だ。のみならず自分一人で収入を得て生活をする職業能力をもっていないのが普通の例だ。その結果、法律がいかに離婚の訴えを許してくれても、離婚をしたが最後、飯が食えなくなる。虐待を受けるのも苦しいが、飯が食えなくなるよりはいいから、泣く泣く離婚をさしひかえるというような結果におちいるのだ……。

——なるほど。しかしそれならばそういう不都合な夫は離婚後における妻の生活を保護するために扶養料を払わねばならぬ、ということにすればいいじゃないか？

——むろんそうすればいいに違いないが、今日では法律でもまた判決例でもそれを認めていない。その結果、夫の暴虐に泣かされながらただパンのためだけに離婚できない妻がたくさんありうるのだよ……。

六

——なるほどね。しかしそんなことをきいてみると、なんだか立法によって社会を改良するなんてことは、事実とうていできがたいような気がしてならないね。

——そんなこともないさ。施すに道をもってすればできるだけのことはできる。ただ、元来、国家や法律の力をもってできがたいことはいくらやってもできず、またたとえ、できることでも時と場合とに応じて適当の策を施さなければできない。ただ国家が立法しさえすればただちに世の中がよくなるというようにのんきに考えちゃだめだというまでのことだ。

——そんなら、施すに道をもってする、その道とはいったいどんなことをすればいいのだい？

——それは一概にはいえないが、まず第一に立法者の考えねばならぬことは、世の中の社会事情、経済事情の変化は、おのずからこれに相応した法律の変化を惹起せねばならぬ、という事実だ……。

——それはおかしいね。社会事情、経済事情の変化がおのずからこれに相応した法律の変化を惹起するものならば、なにも立法者がわざわざ大騒ぎをしないでも、おのずから適当に変化するからいいじゃないか。

——ところがそうでないのだ。おれのいう意味は、一つには例えば封建的な農業本位の社会に生まれた法律制度を産業革命の試練を経た今日に至るまでそのままそっくり維持しようと考えるようなことは愚である。維新前に行われた制度であり、当時としてはまことに結構であった事柄でも、社会事情の全く変わった今日、その同じことをそのまま行おうとしてもだめな事柄が少なくない。しかるに、今日いわゆる淳風美俗論をやっている連中には、そんなことは全くおかまいなしに、なんでもかでも昔に返しさえすればいいと考えている人が少なくない……。

——そいつはむろんいかんね。

——むろんいかんさ。しかし、このほうはまあそれとして、社会事情の変化が当然それに相当した法律の変化を惹起するということについては、立法上大いに考うべき点がも一つある。そこのところをよく考えないと、いくら力んでも事実、法律の改正ができにくい……。

——というのは？

――つまりそれは、社会事情の変化が必然これに相当した法律の変化を要求しているにかかわらず、議会その他立法者の頭がだめであったり、または社会の必要からいえば必然に変わっているべき法律を、形式上今までのままに存置することにより、裁判所その他国家機関の手をかりて自分らの利益を保全せんとする人々、言葉をかえていえば有産者ないしその代言人のみによって議会が構成されているかぎり、その要求された変化を形式上法律の上に現わすことはとうてい望みがたいということだ。

――すると法律の徹底的改正を実行しようとすれば、必ずまず議会を改造せねばならぬ。あるいは普通選挙によるか、またあるいはムッソリーニ式のクーデターなり、無産者革命のようなものをやって、立法機関の根本的変革をはからねばならぬということになるね。

――まあ理論上どうしてもそこに話が落ちてゆくことになる。少なくとも普通選挙でも実行すれば当座のところ、今までにくらべれば相当徹底した法律改正を実行しうるに違いないと思うが、ともかく議会を改造しないかぎり、裁判規範としての法律と社会規範としての法律との間には距離ができるばかり、ついにはいかんともしがたい状態におちいるばかりだ、と僕は思う。

――すると、君の考えによると、世の変遷は必然に法律の変化を促すものだから、立法者はよろしく自然の推移を洞察して適当に法律を変更しもって社会と法律との距離を近づけるように努力しなければならぬ、しかるに今日わが国の立法者にはその資格が欠けているから、これを根本的に改造せねばならぬというのだね？

——まあ簡単にいえばそうだ。しかしどこまでも裁判規範としての法律はそれ自体特色のあるものだから、法律と社会との距離を近づけるにしても、よくこの点を考えてみだりに道徳則そのままを法典の中に羅列するような企てはやめてほしいと思うね。

——そこまでの議論は十分わかった。しかし、立法者というものは君のいうように必ずしも社会的変化が必然に喚起する法律的変化を形式上法文の上に現わすというような消極的ないし追随的の態度をとることだけが任務ではなく、さらに進んではみずから理想を立ててその実現をはかるために積極的に法律の改正を企て、社会の改善をはかるというような理想的態度をとってしかるべきものではあるまいか？

——それは僕もむろんそう考えている。

——それならば今日××老人など淳風美俗実現のために民法を改正すべきことを主張していても、そう君のように頭から非難攻撃せんでもよさそうなものじゃないか？

——いや、僕といえども決してそうむやみと攻撃するわけじゃない。ただ僕はこういうことを考えているのだ。国家がある理想をたてて法律改正を企てる……いや、も少し正確な言葉を使えば、ある人間が国家の力をかりて自己の理想を実現するために法律の改正を企てるとしても、事は決して今日の淳風美俗論者が一般に考えているように簡単ではない。まず第一にその事柄がはたして性質上、国家の力、法律の力をもって干渉したり変革を加えたりするに適するや否やを考えなければならない。国家は決して万能ではない。国家といえどもみずからできることと、できないこととがある。また国家がやるに適することと、適しないこととがある。その適しないこと、できないことをむりにやろうとしても、その実現は事実上不可能である。のみならず場合によっては悪い反射作用を起こしてかえって結果がおもしろくない。例えば、子供らに対して親に孝なるべきことを教えるのは至極結構だ。しかし、このごろの子供はどうも親不孝で困るからといって、国家の法律で「子は親に仕えて孝なるべし」とか、「子親に仕えて孝ならざるものは死刑に処す」とかいうような規定を作ったとしたらどうだい？　なるほど子供は死刑が恐ろしいから、すべて親不孝をしないようになるだろう。けれども、同じ親不孝をしないにしても、ただ単に「死刑が恐ろしいから」という理由でそうしているものと、心から親に孝なるべきことを信じてそうしているものとでは、全く値打ちが違う。ところが国家が法律によって作りうる親孝行はひとり前者にのみ限る。親孝行の形式は作りえても、その心を作ることはできない。その心を作りうるものはひとり道徳であり宗教であって、国家の法律ではいかんともしがたいのだ。ところが今の淳風美俗論者は一般に国家万能論者であって、口に道徳を教え宗教を説くけれども、同時にその道徳や宗教までをもすべて国家の法律によって規律し、すべて一切の社会的規範を国家化しようと企てるのだ。僕にはその心掛けがどうしても根本的に間違っていると考えられてならない……。

——ウン、その点は僕も大いに同感だよ。

——そうか。ところがこの点についてはまだも一つ大いに考えねばならぬ点がある。すなわち、国家の力である理想を押し通してゆくような立法が成功するや否やは、その当時の国家の実力、為政者の実力いかんによって定まるという事実だ。力のない国家が口先だけいかに立派なことをいってみたところが事実なににもならないということだ。

——すると、革命後の政府のように、いざというときには暴力を用いてでも法律を貫徹するの力をもっていることが必要だ、と君はいうのかね？

——それもむろんある。しかし、それよりもさらに大事なことは、一つには国家の名のもとに立法をやってゆく人々が事実立派な理想をいだき、またそれを政治の上に実現してゆくだけの固い信念と熱情とをもっていることだ。さらにまた第二には、その立法のもとに立つべき国民一般がかかる立法をなす人々に向かって心からの敬意を払い厚い信用を置いていることが絶対に必要だ。その意味において為政者が一般国民に対して指導的態度をとってゆくことのできる場合だけが、国家の力、法律の力によって淳風美俗をもおこしうべき唯一の時期なのだ。ところが今日わが国の為政者を見たまえ。たまたまみずから指導者らしい顔をしたり、道徳家面をして説教めいたことをいう連中でも、みずからなんら固い信念と深い知識とをもつのではなく、ただかつて孔孟の教えが社会道徳の根底をなしたことがあるから、社会事情の全然変わった今日でも、その同じ教えを全くそのまま一般に広めさえすれば世の中がよくなるように考えたり、またあるいはわが国古神道の真に生きた精神の尊むべきゆえんを忘れて、ただむやみと形式的に神祇院をおこしたり、神官の俸給、官等を上げたりすれば、世の中がどうにかなるように考えている手合いだ。それがたまたま政府須要の地位を占めたり、議会に議席を得たりしたのを幸い、僭越にも天下に向かって道徳を号令するようなことを考えるなんて、全くもってお話にならぬじゃないか？

——ハハア、だいぶ気焔がものすごくなってきたね。むろん主旨には大いに賛成だよ。しかし話もだいぶ脱線してきたから、今日はこのくらいにしようじゃないか？　またいずれやってきて、ゆっくりいろいろと君の法律論をきこう。

七法窓雑記

一　犠牲礼拝

一

私はつい近頃ある有名な実業家と数時間にわたって社会問題に関するいろいろな話をする機会をもちました。その人は私の二倍以上も年をとった老人ですが、大変頭のはっきりした理解力に富んだ人でした。

そのときの話は主に道徳、風教の問題に関しました。そうして老人は近時わが国の社会は道義が全く地を払ってしまい、風俗もまたいたずらに浮華に流れて、人々みな安逸のみを願うに至ったことを慨嘆し、これを救正するにはどうしても昔のように孝悌忠信の道を教育の根底に置かねばならぬと思うが、あなたのような若い方はいったいどう思うかという問いを発せられた。

われわれは一般にこういう問いを受けると、老人がまたも手前勝手をいっている、己れをもって人を律せんとしている、と考えてまじめに返答をしてみようという気になれないのが普通です。ところがこの老人のいうところにはふしぎと熱がありました。まじめがありました。変わりゆく新しいジェネレーションへの同情と理解力とがなんとなくひらめいていました。私はいつもに似ずまじめにこの老人の問いに答えてみようと考えました。ところが席を同じうした一人の若い倫理学者が私よりも先に答えました。あなたのいうところはだいたい同感です。けれども今の若い者に向かって道徳を説くには同じことをいうにしてもそれぞれ新しい適当な言葉といいまわしとを使わねばならぬ。ことにわが国従来の道徳は主として個人対個人の道徳で、新時代の要求する対公衆の道徳が全く欠けているのだから、これから道徳を説くにはどうしてもこの方面に注意せねばならぬ、と。だいたいこういう主旨のことをきわめて気のきいた言葉で答えました。

私は老人の言葉にも倫理学者の答えにもある程度の同感を覚えました。たしかに現在のわが国はいかにひいきぶんにみても、あまり道義的な社会だとは申されません。国民がなんとなくだれて努力勤勉のふうが一般に足りないことも事実です。そうしてまた対公衆の道徳が古来わが国には十分発達しなかったということも多分そうらしく思われます。

けれども、今後をどうすればいいかという具体的の問題に対して、老人は確固たる意見をもちませんでした。やむなくば復古か、というのが結局老人の腹の中であるかのようにも思われました。しかし老人は宗教がきらいでした。奇蹟をことにきらいました。倫理学者はいろいろの具体的の問題についてすこぶる興味ある説明をきかせてくれました。けれども、そのいわゆる対公衆の新道徳の基礎をどこに置くべきかという根本問題にはついに触れるに至りませんでした。

二

私がものをいわねばならぬ番がきました。

現在わが国の社会が道徳的に堕落していることは私もまた大いにこれを認めます。人々がいたずらに浮華に流れて努力勤勉の気風を失ったことをも認めます。否、大いに慨嘆しています。けれども、従来道学者の説いているような月並な道徳論でこの新時代の新しい人々を律することは全く不可能である。しからば新道徳の基礎はどこにこれを置くべきか。私をしていわしむれば、それは次の三点に帰着する。第一に、働かぬ者は飯を食うてはならぬ。われわれが飯を食うてこの世に生きていることを許されるのはわれわれが人生のために働いてなんらかの文化価値を作為するからである。したがって働かぬ者には飯を食う権利がない。

第二に、物を粗末にしてはならぬ。物はわれわれが人生のために文化価値を作出すべき手段としてわれわれに附託されたものです。自分の物だからといってこれを粗末に取り扱う権利はありません。第三に、われわれは犠牲を礼拝すべきである。われわれの「生」は不幸にして他人の犠牲のおかげで維持されている。われわれにとって「生」より大事なものはないということが考えられるときにはいつでもその貴ぶべき犠牲を礼拝せねばならぬ。と、私はだいたいこんなことを答えました。

道義が衰えたと？　それはみな資本主義のおかげなのだ、とこう無造作に答えたら、読者の中の誰かは快哉を叫んでくれるかもしれません。そうしてそういう人々は私の右の答えをもどかしがるかもしれません。しかしあなたがたが希望している改造された世の中にも道徳はあるはずです。そのときのために、そのときに行われねばならぬ新道徳を諸君は考えてみる気になりませんか？　私も右に申したことが今の世の中に明日からやすやすと行われようとは夢にも思っていないのです。ご安心ください、実をいうと、私も大のペシミストなのです。

三

私はこれから「犠牲礼拝」ということについて、あのとき老人に話したと同じことをやや敷衍してお話ししたいと思います。

われわれの「生」は犠牲を前提しています。われわれはこの世に生まれ出ずるとき、すでに母を犠牲にしました。爾来われわれはあらゆる人あらゆる物を犠牲にして「生」をつづけています。まことにいたましいことです。しかし、それは事実です。実にいたましい事実です。

われわれはできるだけ他人を犠牲にせずに生きたいと思う。けれども、それはいつの世の中になってもとうてい達することのできない望みです。しかし必要なしにむやみと他人を犠牲にしたくはない。ところが今の世は他人の犠牲を要求しすぎるようになっている。ことに人間の中のある種の人々だけが不当に犠牲を供せねばならぬような仕組みになっている。私はその「仕組み」を根本的に改造する必要があると思う。そうして、その改造された世の中にもなお残るところのやむなき犠牲に向かっては、涙を流して犠牲になってくださいと頼みたい、犠牲になってくれる人々や物に向かって心から感謝したい、と私は考えています。そういう「仕組み」の世の中、そういう「心がけ」の世の中ができたなら、どれだけ安心して気がとがめずに生きてゆくことができるだろうか、と私はつねづね考えています。

四

私はこの考えをまず第一には今の軍国主義者に申したいと思います。今日のように国と国とが軍備を整えて互いに機会をうかがいあっている以上、いやいやながら相当の武備は必要に違いありません。ですから軍事当局者がこの点についていろいろ苦心画策しておられるのを私は心から感謝しています。時あってか国と国とが矛を交える以上、国はその国民の命を国の安全のためにささげてもらわねばなりません。国家が他の一般国民が「生」きんがために同じ国民たる同胞に向かって「命」をすててくれとお願いする。なんという悲惨な事柄でしょう。けれども、現在のような世界の組織の中に国が生きてゆくためには、やむをえずこの悲しむべき犠牲を要求せねばならぬ場合がときどき起こる。それはいたましいことである。けれども事実です。

それならば、今の世の中がつづくかぎり、軍事当局者は国の生存のためにやむなき犠牲を要求する権利がある。けれども、それはやむなき場合です。あらゆる思慮をめぐらし、一切の手段を尽くしてなおかつやむなき場合に限ることです。しからずしていささかたりとも、あるいは不純な考えをまじえ、あるいは自己の無知のために、あるいは自己の無能のために、無用の犠牲を要求するようなことがあれば、それは明らかに罪悪です。彼らにはそういう権利はないのです。しかし現在の軍国主義者はこの点について明確な自覚をもっているであろうか。彼らは一人の同胞といえども理由なくみだりにこれを殺してはならぬという道徳上、刑法上の明白な純理をも一度考えなおす必要はないのであろうか。

やむなき場合にはわれわれは同胞の生命と身体とを申し受けねばならぬように世の中の仕組みができている。それはいたましいことに違いない。けれども、今の世におけるやむなき事実である。しかし、われわれはその犠牲になって生命なり身体なりをわれわれのためにささげてくれた人々のために心から感謝せねばならぬ。各人は心から感謝せねばならず、国家はその感謝を制度の上に表わさねばなりません。靖国神社や金鵄勲章や一時賜金や、それらはみなそのための制度でしょう。私は戦死者のため、私の「生」をつづけしめるために「生」をすててくれた人々のために、現在よりもっと謝意を表してもいいと思っています。けれども「生」をすててくれた人々のほかになお、「生きたかばね」をこの世に永らえてなんとなく世の中の軽蔑を受けつつわずかなわずかな給与金をもって哀れな「生」をつづけつつある貴ぶべき犠牲者廃兵あることを、われわれは夢にも忘れてはなりません。私は軍事当局者にお願いしたい。あなたがたは大将になってもいい、元帥になっても差支えない。けれども、あの廃兵にだけは犠牲者に対する当然の礼儀として相当な安楽な「生」を送れるようにしてあげてください。これはあなたがたがなによりも先になさねばならぬことだと私は思います。

五

次に同じことを世の資本家に申したいと思います。世の中の仕組みが今のままで継続するかぎり、国は互いに境をとざして経済競争をやります。やらねば国は衰えます。うっかりすると他国に食われます。全くいやな世の中だが、この世の中がつづくかぎり、その結果は当然にくるものと覚悟しておらねばなりません。

そこで、世の資本家はいいます。われわれはこれ以上、労働者を待遇するをえない。工場の設備を改善することもできない。そんなことをすると生産費がかさんで競争に勝てない。その結果、工業が衰えてかえって労働者の不利益ともなり、国家全体の損害ともなる。と、こういいます。そのいうところはたしかにそうに違いありません。とにかく、今の世界が前申すような仕組みに出来上っている以上は。

けれども、資本家は右の言葉を吐く前に、も一度考えなおす必要はないでしょうか？ 彼らは国家のため公益のため事業を経営するのだといいます。だから労働者も悪い労働条件に満足してしかるべきだといいます。しかし、その論理ははたして精確でしょうか？ いかに「国家のため公益のため」に事業を営むのだと仮定しても、それがため人の「生命」を申し受ける権利が彼らにあるのだとはどうしていうことができるか。彼らが互いに「国家のため公益のため」に働くのならば、他人の「生命」を申し受ける前に、少なくとも自分の財産をすてるだけの覚悟はしていなければならないはずです。労働条件をよくすると事業が立ちゆかないと主張する前に、まず自分が事業によって取得する利潤を極度まで切りつめる必要はないでしょうか。極端にいえば、労働者と同じだけの生活を営みうるだけの収益を受けうる程度に自己の利潤を切りつめて、労働条件を改善する義務があるのではないでしょうか。しからずして自分の利潤はいくらいくらと不可動的に前もって決めておきながら、労働条件を改善すると事業が立ちゆかぬというのは、畢竟自分の「財産」を保持し増殖するために他人の「生命」をくれろというのと同じことになりはしないでしょうか。むろん現在の株式会社その他資本主義の諸制度はそんな簡単なぐあいにゆかないのだと、彼らは答えるに違いありません。しかし、それなら彼らはなにゆえに、まず株式会社のごときものをやめてはどうか、やめることはできないものかと、その問題を考えてみないのでしょう？

労働条件の悪いため工場設備の不完全なために、生命を失い健康を害し身体を毀傷される者があれば、それはなお一種の「殺人」です。ただその「殺人」は万やむをえざる犠牲としてのみ――いやなことではあるが――やむなく是認されるのです。国民は戦のために命をすてる人に向かってどうぞわれわれの「生命」、われわれの国のよき「将来」のために「命」をすててくださいとお願いする。またすててくれた人には心から感謝せねばならぬ。それでこそやむなき犠牲者に向かってやむなく「命」を申し受ける。ともかくも是認しうる「殺人」となるのです。それならば世の資本家はみだりに「事業の必要」とか、「国のため公益のため」とかに藉口して、労働条件の改善をこばみえないのではないでしょうか。少なくとも自己の「財産」擁護のために他人の「命」を申し受ける権利だけはないのではないでしょうか。

それでも、世界の仕組みが現在のようになっている以上、時には「戦争」を予期せねばならぬように、「経済戦」もまたある程度にこれを予期せねばならぬでしょう。その「戦」のためにはやむなく人が死にます。それはやむなき犠牲者です。

しからばわれわれは、あたかも靖国神社を建て、金鵄勲章を与え、遺族扶助料を支給して、その犠牲を礼拝するように、工業のやむなき犠牲者のためにあらゆる尊敬を表し、礼拝の誠意を表わすべき各種の制度をたてるべきではないでしょうか。

六

われわれの「生命」は不幸にして犠牲を要求せずに維持するをえない。それはいたましいことに違いない。しかし、それは事実です。しかし文明の進化の理想はその「犠牲」をできるだけ減らすにあると私は考える。自己の有する一切をすててその理想の実現に努める。そこに「道徳」の根底があらねばならぬ。したがって、またやむなき犠牲者に向かっては心から礼拝の敬意を表せねばならぬ。われわれは「生」を楽しみ、「文化」のおかげに浴するとき、常にこの「生」を楽ましめ、この「文化」を作ってくれた現在および過去の犠牲者に向かって心から感謝せねばならぬ。かくしてこそわれわれはわずかに良心の呵責なしに生を保つことができるのである。

(『文化生活』大正一一年六月)

二　暴政は人を皮肉ならしむ

一

先頃私はある新聞記者と諸新聞紙の品定めをする機会をもった。そのとき私は甲新聞の論説はどう、乙新聞の社説はこう、といろいろ素人考えを述べて無遠慮に批評を試みた。ところが記者はこれに答えて意外の言葉をきかせてくれた。「今日の新聞紙の価値を論ずるにあたって社説を標準にするがごときは素人だ。今の新聞の生命はそんなところにはないのだ」と。子供のときから、タイムズ紙の社説はよくイギリス政界の世論を働かすものであるとか、わが国でもやれその昔新聞『日本』の社説は大いに政界に重きをなしたものだとか、やれ某々内閣は新聞論説の一致した攻撃にあってたおれたのだとか、いろいろと新聞社説の天下に重きをなすゆえんをきかされつけていた私には、この記者の答えがいかにも意外にきこえたのである。

けれども、――現実の政治にも多少の興味をもっている――私としても、毎朝毎夕、新聞紙を手にした際、一番初めにまず目をひかれる記事ははたしてなんであろうか？　それは社説であろうか？　外国電報であろうか？　それともまた社会記事であろうか？　みずから省みるとき私は意外にも一つのふしぎな事実を発見する。それははたしてなにか？　ただ伝統的に新聞紙の中心は社説にあるものとなんとなく考えていた私みずからも、いつのまにやら知らず知らずのうちに新聞を手にした際、まず第一に目をひかれる記事は以上諸記事のいずれにもあらずして、自分の目はいつのまにやら自然と「今日の問題」、「近事片々」のたぐいに注がれている、という事実がすなわちそれである。

私はこのことを二、三の友人に語った。ところが彼らもまた全く同じ答えを与えてくれた。してみると、私みずからの特異性が以上の事実を発生せしめるのではなく、新聞紙みずからの中心がいつのまにやら、実はこれらの特殊記事に移ってしまったもののようにも思われる。少なくとも世の中多数の人々は新聞社説の論調を話題とせずして、かえってこれらの簡単な特殊の記事に興味をひかれているらしい。

しからば、この「今日の問題」、「近事片々」のたぐいはいかなる特色をもった記事であろうか？　政治はもとより社会各般の出来事に向かって、側面から寸鉄人を刺すがごとき短評を加えるものがすなわちそれであって、その特色は、一言もってこれをおおえば、すなわち「皮肉」にある。論説をもって堂々陣を張って戦う正規軍にたとうべくんば、「近事片々」はすなわち短刀を懐に忍ばせてひそかに敵将をうかがう刺客のたぐいである。それは痛快であり、適切であり、気がきいている。たしかに現代人の注目をひき興味を買うに足るものである。したがって、それが現代新聞の重要記事とみなされること必ずしもこれをふしぎとするには足るまい。けれども、それはどうしても正々堂々としていない。正攻法的ではない。男性的ではない。いつのまにやらそれに興味をひかれるようになっていた私にも、あの記事が現代新聞の中心である、生命であるといって、他人に——ことに外国人に——話してきかせることはいささかちゅうちょする。しかし、きわめてリアリスティックにいえば事実はまさにそうであるらしく思われる。

二

現代わが国の新聞紙の書きぶりが——「近事片々」に限らず一般に——なんとなく「皮肉」であることは誰しも容易に気づく事実である。それははたしていかなる原因にもとづくのであろうか？

それを考える前に、私は歴史上これほど「皮肉」なものが一般に書かれ一般に好まれた事例がほかにあるであろうか、を考えてみた。その時ただちに私の頭にひらめいたものは徳川時代の庶民文学ことに「川柳」である。川柳の中にかかれた軽いユーモアと辛辣な皮肉と、あれこそはまさに現代新聞紙の「皮肉」に匹敵すべきものである。明治、大正の聖代に生まれたわれわれにはもうあの「川柳」に現われたるがごとき軽いユーモアと鋭い皮肉とを考えつくことができない。それははたしてなぜであろうか？

しかし、私はこの問いに答える前にみずからまたこんなことを考える。今の新聞紙の「皮肉」ははたしていかなる原因から生まれたのであろうか？ もしも、今後百年、二百年の後、好事家にして大正時代の新聞紙をひもどく者ありとせば、今日われわれが「川柳」の前に驚くと同様、「近事片々」の前にその皮肉さと辛辣さとを驚嘆するのではあるまいか？あの皮肉とこの皮肉と、形こそ大いに異なっておれ、実は互いに相似たるものははなはだ多きははたしてなぜであろうか？

この疑問を前にして考えたとき、ふと私の頭に浮かび出たものはイギリスのウェルズがいったとかいう「暴政は人を皮肉ならしむ」という言葉である。いったい川柳とはなにか？あれはいかなる時代にいかにして生まれたのか、いうまでもなく、あれは一般庶民に向かって政治の批評はもとより思うことを思うように公言することがすべて固く禁ぜられていた専制徳川時代の産物である。あれを生んだものは庶民である、平民である。おそらく彼らの中の頭脳最もすぐれ才幹最もひいでた人々こそ実に川柳の生みの母であるに違いない。目ざめた人々はすべて眼前に展開せられた一切の事実に向かって忌憚なき自由の批評を加えてみたいに違いない。その批評と意見とを抑圧するに「死」の制裁をもってし、政治はすべてこれを特殊階級の専制手裡におさめおわるとき、目ざめた庶民はなにをもってみずから慰めるか？　それは皮肉であり、落首であり、川柳である。なぜならば正しき意見の公表が「死」をもって禁ぜられるとき、当時の人のとりえた唯一の手段は暗殺でなければならぬ。川柳はすなわち刀を用いざる平和の暗殺である。勇気なき刺客、慷慨の詩を賦してみずからを慰めるがごとく、目ざめた町人は皮肉を語り、軽口をいい、川柳を作ってみずからを慰めたのである。

むろん、私は当時の川柳が直接政治の批評をしたとか暴政に反抗して生まれたものだとかいうのではない。ただああした空気、ああしたものの考え方、ものの見方はすべて暴政下における被抑圧者の間にのみ生まれるものだというにすぎないのである。

三

ここまで考えたとき、私の想いは再び現代の新聞紙にもどる。

明治維新の際「万機公論に決すべきこと」が宣せられてよりこのかた、庶民もまたすべてその意見を自由に公表しうることになった。帝国憲法はまたわれわれに向かって言論の自由を保障してくれた。ここにおいて新聞紙はさかんに各地方におこった。有為の政客論客は多くこれに赴いてその意見を公表した。そうしてそれは実に政界の世論を動かすべく重きをなしたのである。

しかるに、大正の今日はいかん？　なるほど、新聞紙が社会上の動かすべからざる大勢力たることは疑うべくもない事実である。けれども、その勢力の源泉が実は紙上に発表せられる「社説」に存せずして、全然別個の点に存することも明らかなる事実である。今日はもはや、議会においてすら正しき意見が正しきものとして聴かれ採用され、そうして実行せられるのではない。すべては政党およびこれを支持する有権階級、有産階級の利害打算によって決せられる。議会は堂々議論を戦わすべき戦場にあらずして、単に予定の筋書によって演出せられる一つの芝居にすぎない。そうして官僚および政治家のこの種の態度は、それが新聞雑誌を通して発表せられる政治意見に対するとき、さらにいっそうはなはだしきものとなる。彼らは刑罰をもって、また発売禁止をもって、刊行物にのぞむことを知っている。けれども、その刊行物の中に述べられた正しい議論に傾聴しようとしない。彼らにはもはや全く

「万機公論に決すべし」という謙遜さは少しも認められないのである。

現在の実状はまさにかくのごときものである。かくのごとき実状のもとにおいて、人々ははたしていかなる傾向に向かうであろうか？　勇気ある者は堂々所信を公言して牢獄につながれることを辞せぬであろう。また愚かにして根気よき人々は永久にきかれることなき意見、実行せられることなき意見の百万遍を繰り返すであろう。けれども普通の利口な人間は下手なことをいって牢獄の苦をなめるよりも、また永久に聴従せられることなき意見を繰り返して労力を浪費するよりも、まずまずひっこんで冷然世の中をながめるであろう。そうして「皮肉」と「冷評」と「漫罵」との中に慰藉を発見せんと努めるであろう。なぜならば「皮肉」と「冷評」と「漫罵」とは、それが世の中のために裨益するところありや否やに関係なく、ともかく自己みずからを慰むべきなにものかを与えてくれ、そうしてそれはきわめて安全だからである。

事実はまさにこれに違いない。しかしかくのごときははたして喜ぶべき傾向であろうか？　否、私は決してかくのごとくに考えることができない。かくのごときは断じて正しい健全な傾向であると考えることはできぬ。

四

私は、今の新聞紙を批評して皮肉だといった。けれども、皮肉なる者、冷評と漫罵とを好む者、みずから実行家たらんよりは無責任な傍観者たらんことを希望する者は、ひとり決して新聞紙のみではない。今の日本人、そのほとんどすべては多少ともみなその傾向をもっている。「近事片々」の無意識的（？）愛読者たる私も実はその例にもれないのであろう。

試みに、今の学生をみよ。小学一、二年生の潑剌たる自己発表性は年を経るに従って漸次に消え失せる。先生の質問に向かって「先生！　先生！」と声高に先を争うて答えをなさんとする、あの生き生きした子供の意気は、もはや中学生においてこれを発見することはできぬ。いわんや大学生においてをやである。彼らは一般に先生の質問に対してみずから進んで答えようとはしない。「おれは知っている、しかし答えようとは思わない、それはあまりに子供らしい、誰か答えればよい、そうして間違えればよい、そうしたら思う存分笑ってやろう。」学生の多数は通常の場合かくのごとき顔つきをして先生の質問に対するのである。「教える」ということは「習う」ということと相対してのみ意味をもつ。はたしてしかりとすれば、かくのごとき学生に向かって完全な教育を施しえないのは、もとより当然である。今の世に教鞭をとる人々、誰かこの嘆きなき者があろうか？

私はかつてアメリカに遊学した。そうして、そこに行われる一問一答式の教育法が大学の講堂に至るまでも潑剌たる活気をもって立派にかつ能率よく行われているのを見た。笑われるを恐れ失敗するをおもんぱかって事を試みざるものは青年ではない。若い学生はきわめて勇敢に先生の質問に答える。むろん、しばしば愚答誤答が繰り返される。しかし、問う人もないしはまたほかの一般学生もあえてそれを笑おうとはしない。問われる人もまたみずから屈するの色を現わさない。かくのごとき男らしい進取的な教育法が大学の講堂に至るまでも実際に行われているのを見たとき、これをわが国の現状に比較した私はいかにうらやましい感じをいだいたことであろう。

私はついに一人の先生について、いかにせばかくのごとき教育法を実現しうべきか、これを実現するについての要訣いかんをたずねた。しかるに先生の答えは平凡にしてしかもきわめて奇抜なものであった。「大切なことの一つは、学生がなにかをたずねたとき、先生みずからの知らぬことはいさぎよく知らぬと明答すること、他の一つは学生が誤った答え、愚かな答えを与えたとき決して笑ってはならぬ。ほかの学生に向かって笑うべき機会を与えてさえもならぬ、ということである。」学生は習うのである。先生の質問に向かって常に必ずしも正しい答えを与ええないのは当然である。彼らが間違えたとき、なぜそれがおかしいのか？　先生はよろしく百方苦心して種々の方面より質問を重ねた上、ついに学生みずからをして正しい答えをなさしむべきである。若い者は春草のもえるがごとき勢いをもって伸びゆかんとする。思うこと考えることはなにはばかるところもなくいってのける。しかるに、それがひとこと間違ったとき、冷酷な先生と同級生とは、たちまち彼に向かって冷やかな「笑い」をあびせかける。せっかく伸びかけていた若芽はかくしてたちまちに枯死する。もう再びもえてはこない。彼もまた利口者となり冷評者となるの賢明なるを悟るのである。

これが私の問いに対する先生の答えであった。そうして実際アメリカにおける先生の態度はまさにこれである。学生の態度もまさにそうである。しかるに、一度これがわが国の小学校についてみるに、その実情ははたしてどうか？　その先生はどうか、生徒はどうであるか？　一年、二年の子供らはそれでもまだ勇気をふるい競って先生の問いに答えんとしている。けれども、上級に進めば進むほど、もはや車は同じように進行してはいない。可憐な子供の満身の勇をふるって答えた誤答に対して、多数の先生は無遠慮にも笑いと軽蔑とをあびせかける。そうして同級の子供らもまたこれに和して笑いくずれる。その結果無邪気にただのびのびともえ出した春の草はつめたい風霜におびやかされて枯れいじけてしまう。そうして同様のことはわれわれ日本人の家庭においても同じように繰り返されている。幼い子供らに向かい同情をもってその誤りを教え正そうとはせずして、あるいは笑い、あるいはしかりつける。はなはだしきに至っては、子供に向かいあらかじめかまをかけてわざわざ間違いや片言をいわしめた上、笑い興ずることをもって客人へのご馳走とさえ心得ている父兄が少なくない。

かくのごとくにして、学校または家庭の教育を受けた者が、どうしてよくのびのびと育つであろう。彼らは中学の上級に至るころにはすべて、直言をはばかる卑怯者となり、皮肉な冷評者となってしまうのである。

五

学校において家庭において誤った教育を受けた子供らは、やがて世の中に出たとき、また誤った政治のもとに立つ。

現状維持と安寧保全とを唯一の信条とする人々は、すべての者に向かって妥協と虚言とをしいる。世を憂うるの士たまたま正しきを直言すれば、法はただちにこれに向かって苛酷な制裁を加える。牢獄を恐れざる者にあらざれば、みずから正しと信ずることをすら公言しえざること最もはなはだしきものが、すなわち現代のわが国である。

またかりに、いうところ幸いにして法に触れずとするも、民間の所説はその正しきと否とにかかわらず、すべて全く為政者のいれるところとならず、少数者の主張、下僚の進言はその当否を問わずしてすべて多数党ないし官僚のたぐいによって抑圧され、または聞き流される、それが現代わが国の実際である。

かくのごとき世にある者、愚者かしからずんばいわゆる危険思想家にあらざるかぎり、誰かよく正々堂々その所信を披瀝しうる者があろうぞ。いうて行われず、いうて刑せられるとき、多数の人々が妥協と虚言とにおもむくは当然である。たまたま志ある者といえどもわずかに「皮肉」と「冷評」とをもらして、ただみずからを慰むるのみであって、あえて直言せず、また言を実行に移すこともないのである。

かくのごとくにして保たれた妥協の平和、それがなんの正義であろうぞ。それがなんの服従の美徳であろうぞ。

先頃聖旨降下して、国民に浮華軽佻の風を去って質実剛健の精神をおこすべきことを教えられた。そうして「質実剛健」は今や精神作興運動の標語となりつつある。しかし、「質実剛健」は決して粗暴野蛮を意味するのでもない。暴政とこれに対する服従とを意味するものでもない。また排他的国粋主義の迷信を意味するのでもない。科学、芸術の蔑視排斥と講談、浪花節の奨励とを意味するのでもない。

真に「質実剛健」なるものは、正しきをいい正しきを行うべき意気を有することをもって最小限度の要件とする。「質実剛健」を標榜し宣伝せんとする為政者はよろしくこの点を三思せねばならぬ。そうして、国民思想の善導をはかる前にまずみずからの政治を改むべきことを考えねばならぬ。なぜならば「暴政は人を皮肉ならしむ」るからである。

（『大阪毎日新聞』大正一三年一月）

三　教育と直観

私の亡父は裁判官であった。優れた名判官であったのか、またどれだけ法学的にみて学識をもっていたのか、学者のように著書を残していない関係上、私にはどうもよくわからない。しかし、なにしろ数十年の間裁判ことに刑事裁判にたずさわっていたのだから、相当の老練家ではあったらしい。ただあまり本を読まないたちとみえて、少なくとも晩年にはあまり新しい法学知識をもっていなかったように思われる。大学を卒業したばかりの私が新知識――と当時の自分は思っていた――を振りかざしてくってかかるといささかたじたじの気味であったように、少なくとも当時の私には考えられた。

この父があるとき――多分晩餐後のくつろいだ話の中であったと思う――こんな話をしてくれたのを思い出す。「いったいお前などは法律をむやみに理屈一点張りに考えぬこうとしているけれども、それがそもそも非常に間違っている。おれなどは事件をみると、全く理屈などを考えずに、これは懲役何年とか罰金何円とかいうようなぐあいに、頭の中に自然に裁判が生まれてくる。それにあとから法条や判例学説などを照らし合わせて理屈をつける。するとおれの頭の中に自然に生まれた裁判がちゃんと理屈に合っていることを発見するので、お前らは裁判が三段論法的推理で理屈から生まれるように思っているかもしれないが、そんなことはかけだしの裁判官ならとにかく、われわれは全くそんなことをしない。大学では三段論法風に法律を教えているけれども、あれはああしないと学生にわからないからで、いわば教育の方便、実際の裁判はむしろ三段論法の逆をゆくのだ……。」そのとき私は全く途方もないことをいうものだと思った。

「お父さん、それでは全く勘で裁判をするので法律によって裁判することにならない。第一、事件に対して予断をいだいた上、あとから理屈をつけるなんて全くもってけしからん」というような非難を加えると、「その勘で裁判することを覚えなければ名判官になれない。むろんその勘から生まれた裁判が理屈に合わぬようではいけないが、おれなどは勘から生まれたものがおのずから理屈に合う。こうなくてはいけないのだ」と答える。いよいよもってけしからんと思うが、いくら反駁してもとりあわないのでやめてしまった。「おやじはやっぱり学問がないのだな」と考えたことを今でも思い出す。

その後私は文部省から外国留学を命ぜられてアメリカに遊学した。当時わが国の法学界はドイツ法全盛時代で、私もドイツ法出身であったから、当り前ならばドイツに留学すべきであったが、あいにくの世界大戦でドイツ留学はおろかヨーロッパに行くことさえ非常に困難であった。それで初めからたいした期待ももたずに、いわば戦争もやがてすむだろう、そうしたらドイツへというくらいの考えでアメリカに出かけた。

ところがいよいよアメリカに行ってみると、そこではかねがねケース・メソッドという名だけをきいていたものの、全く予想もつかないほど変わった立派な法学教育が行われているのを発見した。この教育方法においては先生は初めから少しも講義をしない。学生はあらかじめ指定されたところに従ってケースブックを熟読準備してくる。ケースブックというのは、教授の目的をもって適当に選択分類された判決例の集録書であって、そこにはなんらの学理的説明も与えられていない。学生はあらかじめ先生の指定したところに従ってこの本を読んでくるのであるが、その前になんらの法学的予備知識も与えられないのである。すると先生は名簿によって学生を指名した上、ケースブックにかかげられた判決文について事件がいかなるものであるか、また裁判所はこれに対していかなる判決を与えているかを質問する。むろんかけだしの学生に適当な返事ができるわけはないのであるが、学生の答えが不完全であれば、さらに先生は次々に適当な質問を出して学生を追いつめてゆく。そうして結局学生をしてみずから当該判決における事件の特性と判決の主旨とを悟らせるようにする。しかも、その間に先生はほとんど学理的に系統立ったなんらの講義も与えない。学生に対しては理解に必要なヒントが適当な時期に教えられるけれども、なんら特別の講義も行われない。学生には主としてみずから悟るべき機会が与えられるだけで、ほとんどなにものも他動的に教えられない。この教育方法は各先生の学識、能力、方針などの異なるにつれて実際上ある程度までいろいろ違った形で行われているけれども、その大綱においてすべて大同小異であって、教える代りに悟らせる、これがそのすべてに通ずる精髄である。

初めてこの教育方法に接した私は、こんなことでどうして学生が法学知識を理論的かつ系統的に摂取することができるのか、はなはだ心もとないように思ったのである。わが国の講義では先生は常にまず学理と原則とを教える。そうしてそれを説明する手段としてたかだか多少の実例が引照説明されるにすぎない。常に理論が先に与えられて、すべての説明はただその演繹にすぎない。しかるにアメリカにおいては初めからただ具体的な事件とこれに対する判決が与えられるにすぎない。学生はただ先生の指導によってその具体的なものの中に動いている理論的なもの抽象的なものをみずから探し出すのほかないのである。私が初めてこれに接して驚いたのは当然である。

これまで私はひとり法学教育のみならず、すべての教育は理論の他動的教授によってのみ与えられるものと思っていた。先生は独断的に理論とその展開ないし応用を説ききかせるのみであって、学生の立場は徹頭徹尾受動的である。子供のときからこの教育方法にならされた私がケース・メソッドの前に驚いたのはけだし当然である。ところがだんだん見聞きしているうちにケース・メソッドの特色が漸次に気づかれてくる。この教育方法においては理論を教える前にまず教材をありのままに学生にぶっつけるのである。そうして学生みずからをして直観によって一応の推論を行わしめた上、これに対して理論的批判を加えて学生みずからに反省の機会を与え、かくして結局学生みずからをして自動的に理論的なものに到達せしめようとするのであって、わが国在来の法学教育におけるがごとく、頭から理論的なものを教えて演繹的にその応用を教えようとするのとは全然正反対な教育方法である。

このそのときまで私のなれていた教育方法とは全く正反対な教育方法はかなり私を驚かせたのであるが、よく考えてみると、今まで私のならされていた教育方法はなるほど知識を分量的に増加させることができる。しかし心と力とを養うことができない。かくのごとき方法によって教育されたわれわれは、なるほど幾多の理論的知識を得ることができたけれども、具体的事件に直面した場合に自分の知っている知識のうちどれをあてはめると問題が解決されるのか、それを直観的に判断決定すべき力を全くもたないのである。ここまで考えてみると、われわれが今まで与えられた教育がきわめてかたわなものであって、いたずらに知識を与えるのみであって力を養うことを閑却していたことに気づかざるをえないのである。

当時、先輩として数年前からアメリカに留学していた高柳賢三君は私に対してアメリカの法学教育に関して次のような説明を与えてくれた。「ケース・メソッドは禅の修業に類似した教育方法である。先生は教えないでただ公案を与える。公案を与えて考えさせる。そうして公案を与えつつ老師の与えるヒントによってみずから悟りに赴くようにさせるところに禅の修業の本旨がある。ケース・メソッドは畢竟これと同じところをねらった教育方法である。」

私はこの説明を非常におもしろく感じて、それから以後自分の努力を特に教育方法の研究に向けるようになった。そうしてその結果、一面においては教育の実際を観察することに興味をもつに至り、他面においては教育方法に関する理論に注意するようになった。かくして私はその後教育方法に関していろいろの知識と悟りとを得たように思う。ことに私はアンリー・ポアンカレーがその著『科学と方法』の中で数学教育に関して「証明するのは論理によるのであるが、発見をするのは直観によるのである。批判することを知るのはよい、しかし創造することを知るのはさらによいことである。」「論理はかくかくの道を行けばたしかに障害にあうおそれはないということをわれわれに教えるが、目的に達する道がいずれであるかを教えはしない。そのためには目的を遠くから見なければならぬ。そうして見ることを教える能力はすなわち直観である。これなくしては、数学者は文法に通暁しているが書くべき思想をもたぬ著述家のごとくであろう」という議論をしているのを読んだときに、言葉に表わせないほどの感激をおぼえた。そのときのことを今でも忘れることができないのである。

私は留学を終えて帰朝したときに、父に対して次のようなことをいった。「お父さんがかつて裁判は理屈を通してではなしに自然に生まれるといわれた言葉の意味がわかりました。今まで私たちの当然と考えていた法学教育の方法がいたずらに理論を教えることにのみ専念して、学生をして事を直観せしめた上、それに理論的批判を加えて確乎たる悟りを開かせることを怠っている、それがいけないといわれたのでしょう。」

すると父はいった。「なにもおれはそれほどむずかしい理屈をいったのではない。知識の極致に達すると直観と理論とがおのずから一致する、そのことをただおれの体験から感じていっただけのことだ。しかしお前もこれから人の子を教える以上、直観の価値を軽視してはいけない。ことに学生に対しては直観力を養成するように極力しむけなければいけない。」

学者でなかった私の父はこうした教えを理論的に説いてきかせる能力をもっていなかった。しかし数十年の長きにわたって実践した結果、体験的に直観と理論との一致が知識の極致であるという結論に到達したことに対して私は理屈なしに頭を下げたのである。

近頃は教育学者の間でも直観ということが相当問題になっているらしい。中には直観科と称する特別の教科目を設けろというようなことをいっている人もあるらしい。まことに結構ではあるが、直観科というような特別のものを設ける必要はないので、すべての教育がまず直観に訴える方法で行わるべきこと、したがって直観力の養成にいっそうの注意を注ぐべきこと、それを私は現在の教育界に対して大声もって主張したいと考えている。

直観教育がいかに重要であるかは、スポーツ教育のごとく極度に技術的性質をもった教育に関して最も明瞭に感ぜられる。スポーツにおける技術は読書その他理論的教育によっては全くこれを教えることができない。いかに万巻の遊泳書を読破しても泳げるようにはならない。泳ぐことは直観と練習とによってのみ体験的にこれを習得しうる。むろん実践的に直観的に得た知識をさらに理論的に批判して原理を知覚することは技術を洗練するものとして大いに意義があるであろう。しかしかくのごときは、まず直観し体験した後、初めて行わるべき事柄である。

ことにおもしろいのはスポーツのように極度に技術的性質の強いものにおいては、直観的に得たものを理論的に批評することすらがかえってスポーツマンの力を減殺するおそれがあるということである。スポーツマンは彼らが直観的に体験したところを無批判に実践している場合において最も強い。なまじ理論を考えはじめると弱くなる。だから最もよいスポーツのコーチは選手らに対して理論を教えない、もっぱら理屈をぬきにしてただああしろこうしろと教える。最も強いスポーツマンはみずから考えることなしによいコーチの指示するところをそのまま受け入れてそれに従うスポーツマンである。

技術的であるよりはむしろ理論的であるところに特色をもっている学問においては、もちろんこれと同じことはできがたい。しかし学問においても体験と直観とが知識の根底であることを忘れてはならない。今の教育者は一般にあまりにも理論の価値を過重視して直観の価値を軽視しすぎている。

四　教育と方便

ポアンカレーは同じ『科学と方法』の中で次のようなことをいっている。「最後に一つの希望を述べることを許してもらおう。今後幾年か過ぎてこれらの――新力学の――理論が新しい試験を経て勝利を得たものと想像しよう。かくなるとき、わが国の中学教育は非常な危機に遭遇するであろう。すなわち、ある教師たちは疑いもなく新しい理論を採り入れんと欲するであろう。新奇なるものはそれほど魅力があり、また進歩していないとみられることは、それほどつらいことなのである。少なくとも、生徒にその要領を示さんと欲し、彼らに通常の力学を教えるに先立ち、この力学はその時代が過ぎてしまった、たかだかラプラスのごとき愚物に対してのみ役立つものであったと吹聴するであろう。かくて生徒は通常の力学に親しまないことになるであろう。通常の力学は近似的のものにすぎないと生徒に吹聴することはよいことであろうか。いかにも結構ではあろう。ただしこれはもっと後に至ってのことである。すなわち彼らが力学の神髄に徹して、ただこの力学によってのみ考える習慣を得、これを忘れる危険のなくなったとき、かかるとき初めて人は彼らにその限界を教えてもなんらの不都合をも生じないであろう。生徒らの日常生活に現われるのはこの通常の力学である。彼らのいつかは応用することのあるのは、ただこの力学のみである。自動車の製造がいかに長足の進歩をとげても、吾人の車が通常の力学の通用せざるほどの速度に達することは決してないであろう。新力学のほうは贅沢品にすぎぬ。人はもはや必要を害するおそれのなくなったときでなければ、贅沢を考えてはならないのである。」

このポアンカレーの言葉はひとり力学の教育にのみあてはまるものではなく、大学の法学教育などにも非常によくあてはまる。とかく先生たちは最も精確なもの最も新しいものを教えることに専念して、学生らをしてまず概念的に精確に知識をつかむ力と習慣とを得しめることを忘れやすい。彼らにはまずこの力と習慣とを得しめねばならない。それができた上で初めて彼らにまず教えられたものの「限界を教えてもなんらの不都合をも生じない」のみならず、精確な法学知識はこの方法によってのみこれを与えうるように思う。

いたずらに初めから最も新しいもの最も進歩したもの最も完全なものを教えようとする努力は、ひとり学生らを学問の奥深いところまで導き入れえないのみならず、しばしばかえって初めから学問の門に入ることを妨げる結果をひきおこす。なるほど学生は新しい知識や言葉をたくさん覚えるだろう。しかし精確に学的に思惟することを知らないで、いたずらに言葉と知識とのみ知っている学生ぐらいくだらないものはない。平素会うといかにも物識りらしくみえる利口そうな学生が、いざ試験をしてみると、精確に論理を組み立てる力を少しももたないで、万事を「公序良俗」とか、「信義誠実の原則」とか、「権利の濫用」とかいうような空疎な言葉でごまかそうとしているのを発見する。私は今の法学教育がややともすると、こういう学生を多く作り出す傾向のあることを大いに遺憾とする。

五　進歩と変説

学者の変説改論は学者の無節操を意味するものだといってよく非難される。ところが偉大な学者の遺作を年代順に読んでゆくと、かなり大きな問題についてしばしば大きな変説改論が行われているにもかかわらず、そこになんらの非難すべきものをも感じない場合が多い。著者みずから変説についてなんらの言訳をもいっていないにもかかわらず、変説の過程がきわめて合理的に理解できる場合が非常に多い。なまじ自説を固持するために、みずからも無理とは知りつつ無理を押し通そうとする学者よりも、なんのこだわりもなく、その際自分の感じまた信ずるところを朗らかに述べている学者のほうにより多く好感のもてる場合が決して少なくない。むろん、いかにも不愉快だと思われる変説改論を見出すこともしばしばある。しかしそれは根本に確固たる信念をもたずに四囲を見廻してたえず時流を追うような——実は学者らしからざる——学者についてのみ見出しうることであって、真に学者らしい学者は学者としての進歩につれて時に大きな転回を行うにもかかわらず、われわれはそこになんらの不自然をも発見しえない。かえって大きく転回すればするほど、その人の偉大さを感ぜしめる。偉大な学者ほど偉大な転回をとげつつ、しかもわれわれになんらの不自然をも感ぜしめない。そういう偉大な学者の全生涯を通じて行われた思想的転回の跡をたずねてそこに一貫した合理性を見出すことは、偉大な学者の思想的生涯をその実践としての著作を通して研究するわれわれにとって無上の喜びを与えるものである。

法学者としてのイェーリングの名を知る人々は、おそらくは多く彼を自由法学の先駆者として知っているに違いない。ところが彼の法学者生活はまず「概念と論理的構成とを何よりも大事なものと思う」いわゆる概念法学的傾向から始まっているのであって、彼が自由法学的傾向に転向したのはようやく四十四、五歳のころである。その急角度的転向を彼は一八六五年四月一八日多年の論敵であったウィントシャイトに与えた書簡の中で次のようにきわめて直截に告白している。

「私はこの二、三年このかた自分の思想上に実に貴下を驚かすに足るべき、否おそらく貴下を喜ばすに足るべき奇異な変調をきたしたことを感ずる。貴下が年来とっておられた態度に対して、私は従来てきびしい攻撃をしたこともあるのだが、なんぞ知らん私は今やその貴下の態度に移りゆかんとしている。貴下の方針が初めから私の方針に比してはるかに正しかったことは私の確信するところである。しかも貴下もまた全然間違っていなかったとはいえないと思う。すなわち、私は概念と論理的構成とを何よりも大事なものと思っていたし、貴下はまた反対に形式法学的の要素の権威をあまりに蔑視しすぎていたと思う。私の考えでは真理に通ずる最後の道は形式的技術のあたりに存するにあらずしてこれを通りぬけた彼岸に存するのであると思う。（中略）実際生活の要求するところに背反するような法律的論理なるものがそもそも出てくるべきはずがない。また実際の取引にとっては、法律家がその取引の要求についてなにか理屈をつけることができようとできまいと、あえてなんら関するところではないのであるが、このことはよく世間の人から誤解される点であって、私もまた実はその一人であったのである。しかしながら、われわれがもしもかような間違った考えをもった人々を説服しようと思うならば、なにも貴下が従来なしきたったように、彼らの仕事の間違っていることを一々の場合にみせつける必要はない。むしろ主として形式法学的見地の価値およびその有効範囲を研究して、彼らに示すにそもそも形式法学なるものが、あたかも弾力性をもった容器のように、いかなる内容をいれてもうまくゆくようにできていることをもってすればいいのである。法律上の概念が絶対的真理であるというような妄想はこれを打破せねばならぬ。そうして実際の性質すなわち四囲の事情が変われば、したがってまた変わることありうべき内容をいれる単なる形式にすぎないものであることを明らかにせねばならぬ。」

かくのごとくに、それまで「概念と論理的構成とを何よりも大事なものと思っていた」イェーリングは、今や「真理に通ずる最後の道は形式的技術のあたりに存するにあらずしてこれを通りぬけた彼岸に存する」という大悟に徹底して、「実際生活の要求するところに背反するような法律的論理なるものがそもそも出てくるべきはずがない」というようなことを多年の論敵であるウィントシャイトに向かって大胆にも告白しうる境地にまで発展しているのである。その朗らかな態度にはいささかの不自然もない。われわれはただこの言葉の前に頭が下がるだけである。ところがおもしろいことは、この手紙で「形式法学的の要素の権威をあまりに蔑視しすぎていた」と批評されているウィントシャイトが、その後かえって反対にだんだんと形式法学的傾向を強くしてついにはドイツ私法学の聖書とまでいわれるような大著『パンデクテン教科書』を書ける学者にまで転化したことである。

この二人の偉大な法学者は互いに論争しつつ、ついには陣営を交換して互いに相対立するような交互的転回をとげたのであるが、こうした現象をわれわれははたしていかに説明すればいいのであろうか。この二人の態度は一見いかにもふしぎに感ぜられるけれども、よくよく考えてみるとむしろ非常に自然である。いったい法学における概念法学的傾向と自由法学的傾向とはそれ自体正反対なものであるにもかかわらず、そのいずれもが法学にとって欠くべからざる要素であって、この二人の偉大な法学者は論争のうちにこの二つの傾向を実践的に体現したのである。したがって二人の論争対立がはげしければはげしいほど、それからわれわれは法学の真面目を感得しうるのであって、彼らは互いに反対の動きを示して学者的全生涯をもって法学の真面目をわれわれに示し教えているのである。

いったい人間の思想的進歩は決して直線的に行われるものではない。われわれの心の中にはたえずテーゼとアンチテーゼとの闘争が行われている。その闘争の結果、ジンテーゼが生まれた瞬間にはそれがまたただちにテーゼとなって新しいアンチテーゼを生み、そうしてそれらの闘争がたえず行われるのであって、それでこそ思想の進歩が可能なのである。そうしてこの闘争の現われとしての動揺は、あるいは一生を通じた大きな波として現われ、またあるいは瞬間的な微妙な波動としても現われるのであるが、その波長は学者が偉大であればあるほど、またその学者が読書と思索とのうちに努力する度合が大きければ大きいほど、大きく現われるのであって、イェーリングとウィントシャイトとの論争とその間に行われた交互的転回とは実にこの二人の学者の偉大さを如実に表明するものにほかならないのである。

われわれの小さい体験だけから考えても、われわれの心は常にテーゼとアンチテーゼとの闘争で満たされている。そうしてその闘争の波長は、われわれがより多く読書し、より多く思索し、またより多く書き、もしくはいう場合に、最も大きくなることを感ずるのである。講義もしくは講演をした経験のある人々は誰しも感ずることと思うが、われわれが聴衆に向かってあることをいった瞬間にわれわれの脳裡に――それまで全く思いも及ばなかった――今いったこととは全く正反対な考えが突如として浮かび出すものである。そうしてそのことは講義ないし講演の準備が最もよくできている場合に最も力強く実現するのである。また文筆に従事する人々は必ずや、あることを書いた瞬間に、その今書いたばかりのことが反対物になって瞬間後の己れと対立するという事実を体験されるに違いないと思う。むろんこの動揺対立の程度は人によっていろいろ違うらしい。いわゆる遅筆といわれる人はまだ書かないうちから心の中ではげしい自己闘争をやっているに違いない、書いては消し、書いては原稿紙を破りながら、熱烈な心理的闘争をやっているに違いない。そうして不断の闘争を締切期限のために人為的に打ち切られていやいや原稿を手放すのが文筆に従事する人々多数の経験であると思う。まじめに思索する人々はおそらく、締切期限がないならば、永久に原稿を手放さないだろう。ああも考えこうも考え、ああも書きこうも書きつつ、永久に思索をつづけるに違いないと私は考えている。

しかし同時に私は同じ理由から、大きく進歩しようと志す学者は己れみずからをたえずテーゼに固定するように努力すべきだと思う。偉大な思索能力をもつ学者は、いわずともまた書かずとも、己れの心の中にテーゼを固定せしめつつ、ただちにアンチテーゼを生んで両者の闘争裡にジンテーゼを生むことができるかもしれないけれども、普通の学者にとっては、現在思っていることを言葉なり文章なりに体現してそれを完全なる外物に固定した上で、それをテーゼとしてただちにそれと心中のアンチテーゼとを闘争せしめたほうが、より容易に進歩をとげうるのではなかろうか。私にはどうもそう思われてならないのである。凡庸なわれわれは心の中だけでテーゼとアンチテーゼとを明瞭に対立せしめる能力を十分もっていない。

ところがひとたび考えを言葉なり文字の上に体現すると、それがただちに己れを離れた外物になる。そうしてそれが己れを批判もするし、己れがまたそれを批判する。かくして相互的批判がただちにジンテーゼを生み出しつつ、そのジンテーゼがさらにただちにテーゼとなって新しいアンチテーゼを生み出す。そうしてそのテーゼとアンチテーゼとの闘争を克服せんとする努力こそ学者を進歩せしめるものだと思う。

私の知っている一人の学者は、ほとんどものを書かない、講義もしない。彼は黙々としてたえず読書し、また思索をつづけている。彼もまたその黙々のうちにたえず進歩をとげているのだと思う。そうして私は彼のように黙々のうちにそうした読書と思索との生活をつづけうる境遇を非常にうらやましく思うけれども、同時に彼がものをいい、ものを書くことによって、彼みずからをたえず外物化する努力をしたならば、彼がもっともっと容易に思想的発展をとげうるのではないかと思う。彼は黙々のうちにも立派に弁証法的発展をとげうる偉大な能力をもっている天才であるのかもしれない。しかし凡庸な私にはそうした彼の実践が結局自己陶酔のうちに彼を眠らせるのではないか、ひたすらそのことが心配される。

もう五、六年前のことだと思う。画家の岡本一平さんが突然来訪された。用件は漫画全集を出版したいからその推薦文を書いてくれというのである。そのとき私もちょうど旧稿をまとめて一冊の本にしたいと考えていたので、「旧稿を出版することは著者にとって実につらい仕事である。現在の自分が旧稿を批評する、そうして旧稿もまた遠慮なく現在の自分を批評する、その相互的批評は私をしてほとんど出版の勇気を失わしめるほど強い力をもって私を苦しめる」という趣旨のことを述べた。すると一平氏はそれに答えて「自分の過去は多くの場合に現在の自分の反対物として考えられるけれども、その反対物として考えられる過去があればこそ現在の己れがあるのだと思う。だから自分は過去の己れを旧作の中に見出すことになんらの苦痛をも感じない」といわれた。この一平さんの言葉は非常に真理を含んでいると思う。しかし同時に画家にとっては、おのおの時々の彼の作品がその時々のいろいろの傾向をもった批評家によって、それぞれに批評されるから、たえずある張り合いをもちうるのかもしれないけれども、われわれ学者の社会ではすべての意見が常に必ず正および反なる二つの反対物として批判される。一生を通じた全体的批判の対象としてならば、われわれも自分の値するだけの評価を受けうるに違いないと自信するけれども、おのおの時々の批判においてはかなりつらい思いをさせられるのである。だから画家ほど楽な気持で過去の自分と現在の自分とを見くらべることができないのではないかと思う。

しかしわれわれは決してこのことのために卑屈になる必要はないと思う。われわれの学者的価値は棺をおおうて初めて定まるのだと思う。それならば常にたえずみずからやましくない心持でふるまっていればいい。自分のいうこと書くことはたえず動揺するだろう。人はこれに対したえずいろいろの批評をするだろう。だが学者は少しもこれを気にかける必要はないのだと思う。たえず読書によって己れに対する反対物を求め、たえず思索によってテーゼを作りつつ、ただちにそれに対するアンチテーゼを作り出して、その間にジンテーゼを作り出そうと努力する仕事こそ学者にのみ与えられた幸福な仕事だと思う。

凡庸な学者は自己の思索を長くもちこたえることができないために、短い時間の間にたえず正から反へと転回しつつ進歩する。これに反して学者的素質の大きい学者ははるかに大きい波を画きつつ転回を実現する。私はそうした偉大な学者の天賦の能力を心からうらやましく思うけれども、これは自分の力をもってしてどうにもできない事柄だと思う。自分はただ自分に与えられた波長で自分らしく弁証法的発展をとげるのほかない。おのおの時々の己れは人々によっていろいろに批評されるだろう。しかし自分としてはそのおのおの時々の批評をきいてそこに己れに対する反対物を見出しつつそれとの闘争を続行するのほか何事をもなしえないのである。

非難せらるべきものは、いたずらに時流を追うて自己の信念に反する無節操な動きをすることである。さもないかぎり、われわれは進歩するかぎりたえず変説改論するだろう。しかも少しもそれを恐れる必要はないのである。

六　読　書

ただ漠然と読書を楽しむだけのことならば書物の選択や読み方についてもたいして苦心をする必要はない。しかし一事に志して修業のため読書をするという段になると事は全く違ってくる。ことに学者生活に入ってみるとつくづく読書のむずかしさを感ずる。

私に初めて読書の心得を教えてくれた人は第一高等学校の岩元先生であった。その貴い教えのうちで今でもはっきり私の心に焼きつけられているものが二つある。その一は「みだりに新刊書を読んではならない。本はすべて出版後一〇年を過ぎてから読むべきものだ」というのであるが、この教えはこれを受けた当時とかくなんでも新しいものばかりを追いたがる青年としての私にはかなりばかばかしく感ぜられた。「先生は頭が古いからあんなことをいうのだ」と友達と話し合ったことを今でも記憶している。ところがその後における書斎生活の体験はだんだんと私をして先生の教えの貴さを理解せしめるに至った。読書の範囲をなるべく狭く自分の専門関係のものに限るとしても、新刊書を次から次へと読みとおすことは事実とうてい不可能であるのみならず、そのための努力はいたずらに精力を浪費させるだけであって、得るところがはなはだ少ない。なるほど、かくすることによってわれわれは物識りになりうるだろう、けれども心の養いになるなにものもかくのごとき読書からは得られるものではない。のみならず悪いことには、かくのごとき読書はとかくいいかげんに本を読む悪い癖を発生せしめる。せっかく読みはじめた本を途中でやめたり、序文と結論だけを読んですっかり読んだような顔をするのはすべてかくのごとき読書から生まれる悪癖である。著者の真面目は多くの場合において序文や結論のように著者みずからが意識的に意見をまとめている部分に現われていないで、かえって議論の進め方や議論を進めている間に不用意にいわれている言葉の中に現われているものである。だから私は序文と結論だけしか読まないような読書を最も悪い読書だと考えている。

岩元先生から与えられた教えのも一つは、「いやしくも本を読みはじめた以上、最後まで読みとおせ」ということであった。先生はこの教えを単に言葉によって与えられたのみならず、実践を通して与えられた。私は三年間先生からドイツ語を習ったのであるが、先生はほかの語学の先生と違って、いやしくもある本を教科書として読みはじめた以上、必ずそれを巻末まで読了された。先生の目的は教科書を教材として単にドイツ語を教えるのみならず、本を読むことそれ自体を教えるにあったらしい。そのためにわれわれ生徒はずいぶんいじめられたものであるが、今にして昔を追懐して感謝している者はひとり私のみではないと思う。この調子で初めてまとまった本を読まされたのは二年級のときであった。ようやく一年前に der, des, dem, den を始めたばかりのわれわれをとらえて先生は Glück という本を教科書に使われた。その本は三〇〇頁もある——少なくとも当時のわれわれにとってはかなり——大部な本で、内容も決してやさしいものではなかった。このむずかしい本を先生は非常な勢いでどんどん読まれる。くだらない文法の説明などはほとんど与えないで、どんどん進行する。そうして一年の間にはそんな本を二冊も読みとおしてしまったのである。その結果、試験のときには準備すべき分量がほかの先生とは比較にならないほどたくさんある、その上先生の評点が途方もなく辛いときているのだから、さすが元気の一高健児もこれにはずいぶん悩まされたものである。こうした語学教授に慣れないわれわれは当時これをずいぶん乱暴な教授法だと思ったが、その後だんだん読書生活に入ってみると、かつては乱暴だと思ったこの教授法になんともいえない味のあることが気づかれたのである。こういう教授を三年間受けた私は、これによって初めて読書の方法をおぼえたように思う。先生の教えによると、いやしくも読みはじめた以上、必ず読了せねばならないのだから、いよいよ読みはじめる前には必ず読物の選択について入念な考慮をせねばならない。くだらぬ本をうかうかと読みはじめるわけにゆかない。どうせ読むならこれだけはぜひとも読まねばならないと思われる本を読みたい。くだらぬ新刊書を追っかけていたずらに新しがっているわけにはゆかない。その結果、読物は自然クラシックスの中から択ばれねばならないことになったのである。なんでも新しいもの新しいものと新刊書を追いたい年配の若い学徒にとっては、かびくさいクラシックスをこつこつ読むのはたしかにつらいことである。けれどもそうした読書に没頭しているうちに、おのずからだんだんとそのありがたみがわかってくる。古来「聖賢の書に親しむ」という言葉があるが、優れた学者の残したクラシックスをおちついて読む気持は、まさにその聖賢の書に親しむという境地である。この種の読書はさしあたり役に立つような知識をあまり与えてくれない。しかしながら読書のうちおのずから自分の血が増し肉が肥え、そうして力が強くなるように思われる。行と行との間にこもっている偉大な魂がわれわれをうつ。いいしれぬ霊感にうたれたわれわれの心の中にはおのずから力が湧き出してくる。この体験をもつことこそは聖賢の書に親しむ者の心の楽しみであり、学者としての小さい己れを成長せしめるゆえんである。

だから私はしばしば学問に志す若い人たちにいう。「君たちの専門に関するかぎりぜひとも読まなければならない本はそうたくさんあるものではない。しかるに学者はとかくその本を読まないで、手近な本の中から簡易に新しい知識を得ることばかりに熱中しやすい。むろん新刊書を通して新しい知識を求めることは大いに必要だが、それよりも大事なことを怠って新知識を手軽に摂取することのみに熱中するのは間違いである。学者にとって重要なものは〝ものを考え、ものを見る力〟であって〝ものを知っていること〟ではない。ものを知りたければ人にきけばいい、また本を読めば足りる。これに反してものを見、ものを考える力はただ己れのうちにのみ内在している。日常その力を養っておかなければ終生ついに学者らしい仕事はできるものではない。ひとの嚙み砕いてくれた知識を手軽に摂取するだけでも外観上学者らしくまるまると肥えることはできるだろう。しかし真の学者はよい強い胃の腑をもたねばならない。なんでも食ってみずから消化するだけの力をもたねばならない。学者はすべて問題が出てくるとまずその問題に関する文献をさがす。学者としてむろん当然の処置である。かくすることによって一には思惟の経済をはかることができ、二にはまた自己の意見に対する批判を求めることができるからである。しかしこれよりもさらにいっそう大事なことは当面の問題をみずからの眼をもって直視しみずからの頭をもって考え、そうしてみずからの意見を立てることである。このことのできない学者はいたずらに文献をあさることにのみ没頭してついに己れの意見を立てることができない。こうした欠点は学者にとって実に致命的な欠点であるのだが、若いうちは精力にまかせてひとの嚙み砕いてくれた知識を摂取することができる関係上、あまりその欠点を暴露せずにすむために、ついついこの欠点が致命的なものであることに気づかない傾向があるけれども、年をとるにつれてこの欠点は漸次に暴露される。世の中でよく日本の学者は一般に早老の傾向があるといわれているが、その根本的原因はここらにあるのではあるまいか。」

私はよく若い人にこんなことをいうのだが、いうはやすくしてみずから行うことの容易でないのを考えてみると、学者らしい学者になることの非常に困難であることに気づいて長嘆息せざるをえない。ただ学に志す初めにおいて幸いにもいかに本を読むべきかについて岩元先生から貴い教えを受けえたことが、少なくとも日常こうしたことの重要さを考えながら学問をする自分を作ってくれたのだと思うと、しみじみ師恩の深さに感泣するしだいである。

七　講　演

私は速記つきで講演をさせられるのが何よりもきらいである。話すということと書くということと、聞くということと読むということとは全然違った思想相伝の方法だと考えるからである。

同じく自分の思想を他人に伝えるにしても、文書による場合はそれに最も相応した方法、口頭をもってする場合はまたそれに最も相応した方法があるべきであることを考えてみると、あとから読まれるであろうことを予想しながら講演するのは非常にやりにくい。文書は一字一字と順次に読まれるところに特色をもったものであるから、もちろん、その特色を中心として書かれねばならない。散文はもちろん詩といえどもこの特色を全然無視するわけにはゆかない。これに反して講演は一時間なり二時間なり与えられた時間を全体的に利用して自分の考えを聴衆に徹底しうるところに特色をもっている。したがってここではあたかも絵をかく場合に、あっちを画いたりこっちを塗ったりしながら、結局全体としての作品を作り上げうると同じように、与えられた時間を全体的に利用して、あるいは甲のことをいったりまた乙のことをいったり、甲のことをいいかけたまま乙のことをいってみたり、要するに速記にとっていると支離滅裂なものになるような表現方法をとっても、なお講演としてはきわめて効果的なものを作り上げうるのである。いろいろなことをいいながら聴衆を一定のアトモスフィヤーの中に引き込んで、おのずからこっちのいおうと思っていることを悟らせるようにしむけるようなことは講演だからこそできるのであって、講演者がこの長所を利用しないのは愚だと思う。このこつをよくのみこんだ講演者はいわゆる訥弁でもなお立派に効果的な講演をすることを知っている。数年前、新渡戸先生が貴族院で名演説をされたことがある。新聞紙は殿様たちに深甚な感動を与えたと報道した。それで私も興味をもってさっそく速記録を読んだ。ところが文章になったその演説は伝えられたような感銘を少しも私に与えなかった。そのとき私はつくづく新渡戸先生は演説のうまい方だなと思って感心した。

聴くと名演説であるが筆記するとそれほどでもないと思われる演説もあり、筆記を読むと感心するが聴いたときにはそれほどにも思われない講演もある。講演が結局このいずれになるかは講演者の素質にもよるのだと思うが、講演者みずからの心得としては、例えば学術講演をやる場合のように筆記をあとに残したいと思う場合には、なるべく朗読演説的な形式をとるべきであると思うし、通俗講演の場合には、これと反対になるべく講演それ自体としての価値を発揮するように努力すべきで、速記としての価値を全然度外視すべきだと思う。しかしいずれにしても、いやしくも口頭で意見を述べる以上、その口頭であることの特色を全然度外視するわけにはゆかない。それを度外視すれば、講演は必ずや全然失敗に終ると思う。

ラジオでいろいろの人の講演をきいていると、いわゆる雄弁家の話が案外おもしろくないと思われることがしばしばある。いわゆる雄弁家は文句と文句との間に適当のまを入れたり身振り手振りにつれて緩急自在にしゃべったりする特殊の技能をもっている。その結果いわゆる訥弁の雄弁というようなことも成り立ちうる。ところがラジオになると雄弁家のそうした技能はすべて封ぜられてしまうから、なんとなく話がまのぬけたものになりやすい。学校の教師は一般に演説がまずい。いわゆる講義口調になるといって笑われることが多い。ところがラジオを通してきくと教師の講演が一番気持よくきかれる。ラジオという思想伝達方法には多少文書と共通する特色があるので、いわゆる講義口調の筋道の通った話が案外成功するものらしい。現に私などもラジオでしゃべるときは、必ずあらかじめしゃべるとおりの原稿を作って、ちょうど学生にノートをとらせるときのような調子でゆるゆると朗読することにしている。それが案外いいらしいのである。

去年の秋、ある機会に大辻司郎の漫談をきいた。別にたいして技巧をこらしているようにも思えないのだが、ともかく新しい話の形式でなんとなく人を引きつけるところがある。うまいものだなと思った。ところが数日前同じ大辻司郎がラジオで漫談をやっているのをきいてみると、なんとなくまのびがしていていてきいたときに感じたほどのうまみがない。多少作ったような声でポツリポツリ話すのがかえってわざとらしさを感ぜしめる。なぜだろうか。あの一種特徴のある眼や口や前髪がまのあたり見えないことも大いに関係しているのだと思うが、それだけとはどうしても思えない。いったいこの人の話し方の特色はいろいろのことをポツリポツリいって、前の文句とあとの文句とを論理的に関連させることをしないことにある。こうした話し方はくだくだしく前後の関係を説明する一般の話し方にくらべて非常に清新な生き生きした感じを与えるものだが、ラジオを通してきくと、前の文句と次の文句との間が非常に長く感ぜられる。その結果せっかく接続詞的の文句をぬいてポツリポツリしゃべる話し方が毫も所期の効果を現わさないで、かえって退屈を感ぜしめるのだと、私は思った。

要するに、各種の思想伝達方法にはそれぞれ特色があるのだから、いずれの方法をとるにしても、それぞれその特色に注意する必要がある。だから私は講演ことに通俗講演を速記つきでやるのはきらいである。あとから読まれるべきことを気にすると、とうてい思うように講演できないからである。

八　学校教育と試験

法律学習の目的が法律的に考える力の体得にあるとすれば、学習上最も大切なものは練習である。しかし同時に、試験も重要である。試験は練習の目標であると同時に、練習によって得た力のテストである。だから練習と試験とは互いに不可離的なものであって、練習が学習者にとって絶対的に必要であると同じように、試験もまた学習者のために必要である。むろん入学試験や国家試験のように初めから受験者に一定の資格を与えることを目的として行われる試験は別物であるが、学校において行われる試験はすべて学習者のために自己の力をテストする機会を与える目的をもって行われるものであるから、学習は受験の手段ではなくして、試験こそかえって学習のための手段である。

しかるに今の学校をみていると多くの場合において本末が顚倒されている。試験は学習の手段として行われずに、試験のために学習が行われている。学生が平素の学習に身を入れずに試験前だけむやみとくそ勉強したり、学校を卒業すると学習万事おわれりというような気持になるのも、すべてこの弊風の結果である。私はこの弊風を根本的に除去しなければ、教育制度をいかに改善しようとも学校教育の効果を十分に発揮せしめることは絶対的に不可能であると思う。

しからばかくのごとき弊風はいかにして生じたか。この弊風を除くにはどうすればいいのか。私は少なくとも大学に関するかぎり、試験の結果を標準として形式的に「卒業」をさせたり、「学士」の称号を与えたりする現在の制度がいけないのだと思う。この制度がある結果、学生の中には学習によって力を養うことを目的とせずに、ただ卒業して学士号を得んがために在学しているにすぎないものが少なくない。教授の側でも学生のためにその力を親切にテストしてやる熱意を失って、例えば「この学生はとてもできないけれども、こんな学生をいつまで在学せしめておいても本人はもちろん親のためにも学校のためにもならないから、まあ及第点をつけよう」というような調子で、きわめて無責任な評点をするようなことになりやすいのである。いやしくも教授が学生を指導して彼らの学力をのばしてやる熱意をもっている以上、試験はきわめて厳格に行われねばならない。評点もまた精密に行われねばならない。現在多数の大学で行っているように「優、良、可、不可」というような漠然たる評点を与える制度ではいけない。またある教授が行っているようにすべての受験者にほぼ大差のない評点を与えるようなことをしてはいけない。いやしくも学力の優れた者にはそれに相当した優等の評点を与え、劣った者にはまた遠慮なく劣等の評点を与えて、学力テストの手段としての試験の効用を十分に発揮せしめねばならない。しかるに現在の大学では学生の間においてはもちろん教授の間にすらこの点に関する十分な理解がゆきわたっていない。そうしてこのことたるや一に「卒業」なる制度の存在に原因するのである。

私は今の大学から「卒業」なる制度を全廃すべしと主張したい。学生がいかなる学科を学習すべきかについて大学があらかじめ一定のプログラムを作っておくのは差支えない。学生がそれぞれ志すところに従っていかなる学科を学習すべきかについて、大学みずからになんらか適当の相談所を設けておけばなおさらよろしい。いずれにせよ学生みずからをしておのおの好むところに従って各種の学科を学習せしめるがいい。そうして学生みずからが希望するならば、彼らの学習成績をテストするために試験をしてやるがいい。そうしてその試験はもちろんきわめて厳格なるを要し、評点もまた厳密なるを要する。学生の修業年限にはなんらの制限も設ける必要がない。むろん収容人員の関係上、最長在学年限を制限することはやむをえないけれども、それ以外最短最長いずれにせよ修業年限を制限する必要はない。最も優れた学生は、三年ないし四年の間にだいたい大学の予定したプログラムに従って学習しつつ、どこに出してもはずかしくないひとかどの学者になれると思うが、すべての学生に対して同じことを強制する必要は全くない。ある学生は己れの必要とする二、三の学科を学習して退学するであろうし、またある学生は最長在学年限の許すかぎり在学して学習をつづけるであろう。いずれにせよ「卒業」という形式的の段切りがありさえしなければ、すべての学生は好きなだけ学習した上好むところに従ってみずからの力をテストするために試験を受けるであろう。そうして教授もまたみずから好んで講義をきき指導を受けにくる学生を相手にして思う存分教育をなしうるであろうし、また遠慮なき評点をもって試験に臨みうるようになるであろう。私は一日も速やかに少なくとも現在私の奉職している大学の制度がかくのごときものになることを希望してやまないものである。

形式的な試験によって「学士」という商標をつけた商品を世の中に送り出すことを大学に要求したのは「明治」と称する特異の社会であった。先進資本主義国の文化を追うことにのみ熱中した明治の社会は、ともかく大学で一定の教育を受け一定の試験をパッスした標準人「学士」に一定の価値を認めた。そこではともかく所定の試験を経て「学士」になった者が一般人に比してはるかに優れたものとしてある能力をもっていたのである。これに反して現在のように社会一般の知識が進んでくると、ただ「学士」であることそれ自体はもはやなんらの価値ももたない。実質的に力を有する者のみがその力のかぎりにおいてのみ通用する、それが今の世の中である。大学がこの現状にかんがみて教育機関としてのその存在を主張しうるがために「卒業」および「学士」号授与の制度をやめなければならない。そのときこそ大学が社会の現状に即してその教育的職能を十分に発揮しうるときであろう。

なお世の中には試験全廃論をなす者がままあるけれども、試験と卒業とを絶縁するかぎり試験は決して排斥すべきものではない。試験ことに厳格な試験を置いて学習者に刺戟を与えてこそ学習の価値は十分に発揮されるのである。かくのごとき試験のために努力することは学習者にとって利益こそ大いにあれ、なんらの損害を与えるものではない。試験は苦しいに決まっている。その苦しい経験をすればこそ人間ができ、力が養われるのだ。ただふらふら本を読んだり講義をきくだけで学力が養われると思ったら非常な間違いである。青年には無理をさせなければいけない。その無理を切りぬけうるような青年のみがわれわれの後継者として世の中を背負ってゆくことができる。

重ねていう。試験は決して悪いものではない、悪いのはただ「卒業」という形式的標準のためにする試験である。

九　暑中休暇

学校に暑中休暇はつきものである。日本にくらべてはるかにしのぎやすい夏をもっているヨーロッパの大学でも日本よりはるかに長い暑中休暇を与えている。もっとも、アメリカのシカゴ大学のように全く夏休みのない大学もまれにある。蒸し殺されそうな暑気をものともせず先生も学生も上着をぬいでさかんに例のケース・メソッド式討論をやっているのをみると、夏休みにならされているわれわれも自然に引き込まれて暑さを苦にせず勉強するようになる。だから暑いからといって必ずしも学校教育が不可能なわけではは万々ないと思う。しかしこうした大学でも一学年を四学期に分けて学生はそのうちだいたい三学期聴講すれば一学年分の学習をなしうるようになっており、教授もまた三学年つづけて講義すると一年間休暇をとれるようになっているから、結局、暑中休暇という画一的な休暇がないだけのことで、学生も教授も一年の四分の一だけは休暇をとれる仕組みになっている。

ところでこの学校の暑中休暇なるものが世間の人からみるとかなりうらやましく思われる

ものらしい。久しぶりに旧友にあうと誰もがいいあわせたようにうらやましがる。中には夏休みなんて贅沢だから全廃すべきだというような暴論を吐く男さえいる。

しかし、あえて我田引水的の強弁をするわけではないが、私は学校教育にはぜひとも相当長い休みが必要であると思っている。いったい人間というものは機械と違って操作時間に正比例して能率をあげうるものではない。ことに人間の能力をのばすには、相当の時間をかけてその間にじわじわと刺戟を与えてゆくことが必要である。一日の授業時間数を二倍にすれば修養年限を二分の一にすることができるというようなものでは絶対にない。かつてわれわれの大学では一週二時間一ヵ年の講義を一週四時間半ヵ年の講義に変えたことがあるが、その結果ははなはだ思わしくなかった。毎週わずかずつにせよ一ヵ年あるまとまった講義を聴いているうちに学生みずからの能力がおのずとのびる。そこに教育の真価が存在するのである。機械は操作時間に正比例して能率をあげることができるけれども、人間と機械とは別物である。授業時間を二倍にすれば修業年限を二分の一にすることができると考えるがごときは全くの素人考えである。学習者には一面厳格な鍛錬を加えると同時に、しばしば休息を与える必要がある。休息によって機械的につめこまれたことを忘れることができればこそさらに新しい知識を吸収して自力を伸長すべき余裕ができるのであって、暑中休暇の価値はまさにこの休息を与えうる点に存在するのである。

教育者にとっても適時に休息が与えられて、みずから学びみずから考えみずから反省する機会が許されてこそ、常に新しい力をもってよい講義をなすことが可能なのであって、教育者を機械的事務的に働かせるのは最も悪い教育制度である。

この意味において私は現在の小学校、中学校における教育者の負担は重きにすぎると思う。いかに簡単なことを教えるにせよ、今のように多数の時間働かされてはとうてい満足な教育を施すことはできない。授業に追われてただ事務的に働いている教育者から教育らしい教育を望むのは無理である。教育者にはたえずゆとりを与えてみずから考えみずから学ぶ機会を許し与えねばならない。このゆえに私は例えば、現在の小学校における教育能率をあげるためには大いに教員の数を増加する必要がある。またもしそれができなければ教授時間数を減じてでもなお教員に休息を与うべきだと思う。今のようにわずかの教員で多数時間の授業をやらせるぐらいならば、授業を一日おきにして、一面、生徒に自学の機会を与えつつ、他面、教員にたえず新しい意気をもって教育にあたりうる余裕を与えるほうがはるかに効果的だと私は考えるのである。

同じ考えから私はかつて教育会議の決議によって定められた現在の学年制度に反対である。私が学生であったころには、三月に中学を卒業したのち三ヵ月の間準備の余裕を与えられた上、七月高等学校の入学試験を受けることができた。しかるに教育会議はこの三ヵ月をむだであると考えた。その結果、高等学校その他専門学校の入学期を四月に繰り上げたのである。いったい小学、中学について考えても四月を学年始めにするのはきわめて不合理である。暑中休暇という長い休暇を学年の中間に置くのは無意味であって教育上不都合が非常に多いと思う。だから徹底的にいうと、小学校の学年始めをもすべて九月にすべしというのが私の主張であるが、さしあたりの問題として高等学校その他の入学期を四月にしている現在の制度は一日も速やかに改正せらるべきであると確信している。

まず第一に現在の制度は中学上級の教育を破壊してこれを準備教育化せしめている。昔のように三月中学を卒業してから六月ないし七月の受験までに相当の準備期間があれば、こういう弊害はほとんど起こる余地がないのであって、このことだけを考えても改正の必要が大いにあると思う。第二に大学のように一学年を単位として授業を行っている所は二ヵ月にわたる長い暑中休暇で授業を中断されることによって教育の能率がはなはだしく害される。四月に講義を始めて二、三ヵ月、学生もようやく調子がついてきたと思うころになると休暇が始まる。そうして二ヵ月の休暇でそのせっかくつきかけた調子もさんざんに壊されてしまうから、教授も学生も九月にはほとんどまた初めから事を始めねばならないようなことになる。このくらい不合理不経済なことはないと私は考えている。第三に――これが最も大きい不都合だと思うが――今のように三月に学年試験を終えた上、ほとんど休息する暇もなしに四月早々新学年の講義を始めねばならない有様では、さなきだに沈滞しやすい大学教授の講義をいよいよ沈滞させる傾向がある。一ヵ年にわたる新しい講義を始める前にはせめておちついて一年間の講義のプログラムを考えるくらいの余裕を与えられたい。その間に本も読もう、ものも考えよう。講義という事務的な仕事から解放されて自由に好きな仕事もしよう。これだけの余裕を与えられてこそわれわれは新しい学生を迎えて新しい講義をすることができる。局外の人から考えると、学年の中途にせよ何にせよ二ヵ月も長い休暇をもっていれば贅沢すぎるように思われるかもしれないけれども、実際永年講義をした経験からいうと一年計画の講義を始める前にはどうしても相当のゆとりがほしいのである。世の中には大学の教授というものは十年一日のごとく同じ講義案を読んでいるもののように誤解している人も少なくないようであるが、二〇年も前ならいざしらず、いまどきの一人前の教授にはそうしたばかばかしいことはとうていできないし、また少なくともしたくないのである。ところがいくらしたくなくても前学年の終りから新学年開始までの間に十分のゆとりがないと、人の弱さからついつい前年の講義案をそのまま読むようになりやすいので、これが今の制度の悪いところなのである。同じく二ヵ月の休暇をもらえるのならば、学年と学年との間にもらいたい、これがまじめに学生を指導することを念願とする教授のすべてに通ずる希望にほかならないのである。

私は自分の立場だけから以上のことを主張したが、同じ考えはおそらくひとり大学教授のみならず、いやしくも教育に従事するあらゆる人々のひとしく感ずるところであるに違いないと考えている。一月なり二月なり教え子にも休息を与え先生みずからも息抜きをした上、秋風都門に入るの候から新しい元気をもって一年の計画をたてて教授を始めたいという気持はすべての教育者に通ずる希望だと私は考えている。

学生の身になって考えても、昔われわれが高等学校や大学に在学した時代には六月に苦しい学年試験を終った上、万事を清算したようなすがすがしい気持でのびのびと夏休みを享楽することができた。そうして九月にはまた全く新しい意気と希望とをもって学窓に帰ることができた。あの夏休みの楽しさを今の学生はおそらく知らないのであろう。私はあの楽しさを今の学生にも味わわせたいと心から念じている。

（『改造』昭和七年六〜九月号）

あとがき

故末弘博士の評論集は、大正一二年に出版された『嘘の効用』から始まって、『法窓閑話』（大正一四年）、『法窓雑話』（昭和五年）、『法窓漫筆』（昭和八年）、『法窓雑記』（昭和一一年）の五冊から成っている。昭和一一年以後に先生の評論集が出ないこと、それよりもむしろこの時期を最後として、終戦時までほとんど時事評論の筆を絶たれたことは、先生の立論がいかに権力者によって遇せられておったかを、暗示するものがある。『嘘の効用』以来一貫した先生の主張内容は、ついに時勢には容れられなかった。だがそのことは先生の失敗とはいえないし、いわんや先生の見解が誤っていたことを意味しない。先生を嫌い、権力によって評論の筆を折らしめた人々は、その結果が明らかに証明するとおり、国民的破滅への道を進みつつあったのである。先生のこれに対する抗争は、ついに強大な腕力によって押しつぶされた。それは先生にとっての不幸であった。しかしより以上に社会にとっての不幸であり、多くの人々は今でもまだ過去の行為による収穫を刈り取らねばならない立場に置かれている。迷惑なことは何も先生の一身には限らなかった。先生の著作に親しまず、またそれによって何らの影響をも与えられなかった人々も、災厄の中にまきこまれ、原子爆弾、焼夷弾の被害をどうにか逃れても、経済的困窮はますます迫り、社会的安定からますます遠ざかりつつある人の多いこと、今ではどこでもみられることである。これは先生のせいでなく、反対に先生を弾圧した人のせいである。先生の科学者的エネルギーは、時評の筆をとめられても、『民法雑記帳』(上下二巻、昭和二八年再刊)その他に結集され、別の形で燃焼していたことはいうまでもない。しかし先生をして強制的に筆を絶たしめた権力者、先生自身に直接の強迫を加えただけでなく、編集者にまでにらみをきかせ、先生の発言を封じた権力者連中は、まさに国民を売り、民族を売り、それによって自己の栄達を計った事実上の売国奴にすぎなかったのである。われわれがこの売国奴の出現を防ぎえなかったのは、われわれ自身の罪である。しかしそれにもかかわらず、先生の時論的発言が、昭和一一年代を最後として、一応終戦時までとぎれたのは、明らかに日本の運命を象徴するものだった。先生の評論集はこの意味でまさに宿命的である。しかも不幸なことにこの宿命が、今でもなお再び襲いかかりそうになっていることは、おそらく禍害を作りつつある少数者を除くほか、他の多くの人々に慄然たる感情を与えずにはおかぬであろう。

先生の論評は不幸にして今でもまだそのままに生きている。それどころか反対に、今ではますます身近なものになっている。これは発言者の立場からみると、はなはだ不快なことである。けだし科学者は一般に、社会における誤りを発見し、不公正を意識すればこそ、あえて発言の機会を求めようとするのである。彼の発言によって不公正がただちに除去せられ、それとともに彼自身の意見が忘れ去られるに至るのは、むしろ喜ばしいことである。彼は改革者であったかもしれない。しかし改革の成就した後は、人々は不正なき状態の実現に慣れ、社会は初めからそのようなものであったと思いこむ。改革者はそれによって忘れられ、せいぜいのところ名前くらいしか覚えてもらえない。だがそれは社会の忘恩ではなしに、彼の希望の達成にほかならぬ。

科学者の業績と芸術家の業績はかくして基本的に違っている。芸術家は自己の作品が百年後、千年後においても人々に感動を与え、生命あるものとして受けとられるならば、何といっても非常な名誉である。芸術の生命は長ければ長いほど立派である。けれども科学者によって指摘された社会的不公正そのものが、長い期間にわたって存続し、いつまでも人々の心をかき乱さねばならぬとしたら、それは悲しむべきことである。科学者の指摘が重要であり、社会の病根に触れれば触れるほどそうである。彼は自己の発言が、三〇年後、五〇年後の人々にまで共感を呼び、人々の心を動かさずにおかないくらいなら、むしろ忘れ去られたほうがましである。三〇年、五〇年もたちながら、同じ悪、同じ不公正が残っていればこそ、彼はなお多くの人の共鳴を得るからである。彼はその病根と闘った。しかし世間はまだその病根を根本にまで遡って除去することに成功していない。彼はまだ叫びつづけねばならない。そして世間もまだ彼の叫びを聞かねばならない。このことは何といっても不幸である。

末弘先生の評論集は、このような性質をもった著作である。ここで取り上げられた問題の一部には、法令の名前や固有名詞を書き換えたほうがよい場合もあるだろう。しかし根本においては、執筆時から二〇年、三〇年もたちながら、そのまま現在への呼びかけになっているのはどうしたわけか。例えば大正一一年、すなわち今から三十余年も前に書かれた「過激社会運動取締法案批判」を、破防法やいわゆる教育二法律に引き直して読んだなら、全く現在の時評である。三〇年前の権力者に比較して、今の権力者は変わっていない。彼らは先輩に比較して、何物をも学ばないとともに、何物も忘れていないようである。しかも「過激社会運動取締法案」は、その後治安維持法と名を変えて、国民的破局を導き出す原動力的な作用を行った。では破防法以下一連の思想を中心とする差別待遇法、事実上の思想統制法律は、われわれに何を与えようとするのだろうか。この論文集は要らなくなることが望ましい。しかしますます必要な論文集になりつつあることは、何といっても大変な社会的不幸である。

末弘博士の評論が、今もなおそのまま、もしくはますます意味をもつことは、博士の指摘になる日本社会の病根が、最も重要なものの一つであり、現在でもまだ治癒していないことを示している。博士の指摘になる最も大きな問題は、日本の支配者層もしくはそれに従属し便乗する官僚が、民衆に対してのみ一方的に忍耐、辛抱を強制し、正当な権利主張まで抑圧している事実である。法学者としての先生が、このような事実を黙認できなかったのは当然である。なぜならば、法学は社会の中にある各種の紛争が公開され、それによってどういう解決基準を作ったら一番妥当かを公けに論議してこそ初めて有意義な学問だからである。法学の立場からみた場合、紛争解決の手段として、中傷、陰謀、窓口取引などが行われ、秘密のうちに露骨な非合理解決の生まれることは矛盾である。例えば甲は乙と政治問題について争った。法学的に合理化できる解決は、両者に言論の自由を与え、どちらがより多くの人々から支持せられるか、投票の結果に説得力を反映させることである。だがそれにもかかわらず実際にとられている方法は、表現の自由を平等に保障することでなく、一方の表現に対しては無制限の保護を与える反面に、他方に対しては解雇、雇入拒絶、投獄などでおどしつけ、秘密のうちに発言を差し止めることである。これをもし官僚主義というならば、末弘博士が生涯を賭して闘いつづけてこられたのは、まさにこの官僚主義であることを、本書は生き生きと示すものである。

官僚主義は今でもまだ残っている。それどころか今ではかえってその姿を大きく出している。この時にあたって先生の論評が刊行されるのは、決して意味のないことでない。問題は今やますます切実になった。それだけにこの評論集の意味はいっそう拡大し、現在の問題になっているのである。

編集にあたって既刊五冊の著作から、直接に切実と信ぜられるものを抜き出して、これに昭和四年の年末以降刊行された雑誌『法律時報』に掲載された「法律時観」ならびに「法律時評」なる短文から、若干の論説を加えたほか、さらに終戦後の論説を加えることにより、上下二巻に分けることとした。削除は正直にいってある場合にはたしかに惜しい。けれども著作の分量を拡大することを避け、現在に最も切実なものを中心に、味読していただきたかった結果として、あえて採用することとした方針である。その結果、日本の法律が、甘粕大尉による大杉栄氏の殺害を不当に軽く裁判した事件を機会をとらえて執筆された「軍法会議廃止論」（大正一二年）のごときは残念ながら一時割愛することとした。問題提起の本質は、むしろ裁判の階級性指摘にあるが、しかしなお幸いにして「軍法会議」はまだ今のところ復活していない。軍法会議が復活し、軍人が再び特権をふるうようになったら終りである。本書はそうした「終り」の状況をきたらしめないために意義がある。だがそれにもかかわらず、二〇年前、三〇年前の評論が、かくも現在のわれわれに共感を与えるのはなぜだろう。それは末弘博士の真直ぐな自由への意思がそうさせているだけでなく、今の社会による圧力がまたそうさせているのである。これはわれわれにとって楽しくない。われわれはむしろこの著書が、現在の問題として読まるべきでなく、過去の思い出として読まるべき日のくることを、痛切に希望するものがある。
編集に際して上巻には『嘘の効用』から初めの五つの論説を載せ、『法窓閑話』からは「法窓閑話」を出し、「犠牲礼拝」、「暴政は人を皮肉ならしむ」の両編を、旧著『法窓漫筆』中にある「法窓雑記」に統一することにした。したがって本書上巻は、旧著『嘘の効用』、『法窓閑話』の両者とともに、旧著『法窓漫筆』の一部から構成したのである。そして下巻は、旧著『法窓漫筆』中の特に注目すべき論説と、『法窓雑記』ならびに『法窓雑話』から構成し、これに未収録の論説を加えている。上巻の方は全般的にいえば原理的であり、下巻の方はその適用事例として非常に興味がある。選択の当否については私が責任を負担しなければならないだけ、誤りを最小限度に食い止めていることを心から希望するとともに、旧著以来の読者から編集上のご注意を期待すること切である。

昭和二九年一〇月

戒能通孝

＊本書では合体してある。

末弘嚴太郎（すえひろ・いずたろう）
1888 年　山口県に生まれる
1912 年　東京帝国大学法学部卒業
東京帝国大学教授、中央労働委員会会長等を歴任
1951 年没
主著：『債権各論』（有斐閣、1918 年）、『物権法　上巻／下巻』（有斐閣、1921 年／1922 年）、『労働法研究』（改造社、1926 年）、『民法講話　上巻／下巻』（岩波書店、1926 年／1927 年）など。

本書は『末弘著作集Ⅳ　嘘の効用』（第 2 版、1980 年）を底本にした。

日本評論社創業 100 年記念出版
新装版《しんそうばん》　嘘《うそ》の効用《こうよう》

2018 年 2 月 25 日　第 1 版第 1 刷発行

著　者――末弘嚴太郎
発行者――串崎　浩
発行所――株式会社　日本評論社
〒 170-8474 東京都豊島区南大塚 3-12-4
電話　03-3987-8621（販売）　03-3987-8592（編集）
FAX　03-3987-8590（販売）　03-3987-8596（編集）
https://www.nippyo.co.jp/　振替　00100-3-16
印　刷――精興社
製　本――松岳社
装　丁――桂川　潤

検印省略
ISBN978-4-535-52276-3　　Printed in Japan